「地方創生」と中小企業

―地域企業の役割と自治体行政の役割―

(日本中小企業学会論集36)

同 友 館

はしがき
―日本中小企業学会論集第36号の刊行にあたって―

　日本中小企業学会第36回全国大会は、2016年9月10日・11日の2日間にわたって明治大学（東京）で開催された。本書には同大会での報告に基づく論文を10本（統一論題報告2本、自由論題報告8本）と報告要旨9本（査読希望なし・辞退5本、不採択4本）を収める。論文のうち、統一論題報告の久保田論文を除く9本が、査読を経て論集掲載を受理されたものである。

　第36回大会の統一論題は「『地方創生』と中小企業―地域企業の役割と自治体行政の役割―」であった。3年続けて地域経済を対象としているが、地域レベルの中小企業政策、中央政府と地方自治体の役割分担、地域活性化における自治体と地域中小企業の関係等については、学術的な研究がまだ始まったばかりであり、本学会の大会でこのような統一論題を掲げる意義は大きい。統一論題セッションでは、会員でもある島根県浜田市長による自治体支援の事例報告と、自治体による地域中小企業への研究開発助成の決定要因分析についての私自身の研究成果が報告された。なお、中小企業庁前長官の豊永厚志氏には、統一論題セッションに先立って特別講演をいただいた上、統一論題のパネル討論にもご参加いただいた。

　また、信金中央金庫地域・中小企業研究所（松崎英一所長）の協賛による国際交流セッション「地域の企業エコシステムにおける大学と中小企業の役割」では、米国と英国から招聘した若手の気鋭の研究者により、地域の起業活動における大学の役割と中小企業の役割が、それぞれ定量的・定性的な分析手法に基づいて明らかにされ、議論された。松崎英一所長には、協賛に厚くお礼申し上げる。

　第36回全国大会では私自身がプログラム委員長と統一論題報告者を務めたが、大会準備委員長の岡田浩一先生（明治大学）、前会長の寺岡寛先生（中京大学）、事務局長代行の大前智文先生（岐阜経済大学）に大変お世話になった。また、多くの会員に、座長・討論者等、また査読者としてご協力いただいた。編集作業においては、編集委員各位、特に編集委員長の髙橋美樹先生（慶應義塾大学）と編集担当理事の長山宗広先生（駒澤大学）にご尽力いただいた。これらの皆さんに、心からお礼申し上げたい。

2017年4月

　　　　　　　　　　　　　　　　　　　日本中小企業学会会長　岡室博之
　　　　　　　　　　　　　　　　　　　　　　　　　　　　　（一橋大学）

目　次

はしがき　　　　　　　　　　　　　日本中小企業学会会長（一橋大学）　岡室博之・ⅲ

【統一論題：「地方創生」と中小企業－地域企業の役割と自治体行政の役割－】

地方創生における地域中小企業の役割と自治体支援
　　―島根県浜田市の事例から―………………………………浜田市市長　久保田章市・ 3
自治体による地域中小企業への研究開発助成
　　―地域間格差とその要因―…………一橋大学　岡室博之　学習院大学　西村淳一・ 16

【自由論題】

国内合板工業における階層分化とその要因
　　―「寡占と中小企業競争」理論の視点から―……………森林総合研究所　嶋瀬拓也・ 31
地域活性化時代の協同組合組織の実態
　　―組合の枠を超えた利益追求の実状―……………………明治大学（院）　竜　浩一・ 44
地方中小企業における後継経営者の能力形成
　　―地域金融機関における後継者育成塾のケーススタディ―
　　………………………………………………………………島根県立大学　久保田典男・ 57
健康・福祉機器分野における中小企業の新製品開発
　　―「近接性」概念による外部連携活動の分析を中心に―……機械振興協会　北嶋　守・ 70
地域中小企業の海外事業が国内事業の拡大・縮小を決める要因分析
　　………………………………………………………………………松本大学　兼村智也・ 83
中小製造企業におけるドイツ企業との強靭な取引関係の構築と顧客連結能力
　　………………………………………………………………………東京経済大学　山本　聡・ 96
中小企業診断士のキャリア志向と職務満足…………大阪経済大学　遠原智文・109
中堅・中規模ものづくり企業におけるジェンダー・ダイバシティ推進の課題
　　―富山県を事例として―……………………………………日本女子大学　額田春華・122

【報告要旨】

国内ウメ産業における和歌山県への一極集中過程の要因分析
　　―和歌山県と群馬県のウメ産業の比較研究― ………… 大阪経済大学（院）　石田文雄・137
陶磁器産地再生に関する一考察
　　―四日市萬古焼メーカーの実態及び弱点について― ……… 三重大学（院）　西浦尚夫・141
鯖江における眼鏡枠産地からチタン精密加工技術集積地域への展開
　　―産地構造分析から動態的産地システム研究へ― ………… 龍谷大学（院）　上野敏寛・145
水平ネットワーク型連携による構成員の繋がり力向上と地域産業活性化
　　―大田区「下町ボブスレーネットワークプロジェクト」の事例から―
　　……………………………………………………………… 慶應義塾大学（院）　奥山　睦・149
伝統的工芸品産地の現状と課題 ……………………………………… 日本大学　山本篤民・153
地域の社会的課題解決に向けた中小企業によるソーシャル・ビジネスの創出
　　―和菜屋による地域コミュニティ再生ビジネスの展開― ・兵庫県立大学（院）　田代智治・157
業況堅調な小規模事業者の研究 ……………………………… 信金中央金庫　鉢嶺　実・161
小規模な介護ビジネスは不要か
　　―良質なサービスを評価する仕組みを― ………… 日本政策金融公庫　竹内英二・165
本邦中小企業における取引金融機関数の決定要因
　　―パネルデータを用いた実証分析― ………… 日本政策金融公庫　佐々木真佑・167

編集後記 ………………………… 論集編集委員長（慶應義塾大学）　髙橋美樹・171

Japan Academy of Small Business Studies: 2016 Conference Proceedings

CONTENTS

Preface: OKAMURO, Hiroyuki ··· iii

Keynote Session of the 36th JASBS Annual Conference
"Regional Revitalization" and Small and Medium-sized Enterprises : The Role of Regional SMEs and the Role of Local Governments

Role of Regional SMEs and Support of Local Governments for Regional Revitalization: A Case Study of Hamada City in Shimane Prefecture
··· KUBOTA, Shouichi   3

R&D Subsidy Programs for Local SMEs by Local Authorities in Japan
················· OKAMURO, Hiroyuki and NISHIMURA, Junichi   16

Articles

Formation and Causes of Stratification in the Japanese Plywood Industry: From the Perspective of the "Oligopoly and Small Business" Theory
··· SHIMASE, Takuya   31

The Emergence of New SME Cooperative Association: During the Regional Vitalization Period ··· RYU, Koichi   44

Developing Managerial Capabilities among Successors of Regional SMEs: A Case Study of an Education and Training Course Run by a Regional Financial Institution ··· KUBOTA, Norio   57

Development of New Products by SMEs in the Health and Welfare Equipment Fields: Analyzing External Cooperative Activities According to "Proximity" Concepts ··· KITAJIMA, Mamoru   70

Analyzing the Factor that Determines the Increase or Decrease of Domestic Production According to the Overseas Production of Local SMEs
.... KANEMURA, Tomoya 83

Customer Linking Capabilities of Japanese SMEs and Durable Relationships with German Customers .... YAMAMOTO, Satoshi 96

A Registered Smaller Enterprise Consultant's Career Orientation and Job Satisfaction .... TOHARA, Tomofumi 109

Studying the Problems Concerning Gender Diversity in Management of Medium-sized Manufacturing Firms: The Case of Toyama, Japan
.... NUKADA, Haruka 122

Summary of Presentations

Essential Attributes of the Enormous Concentration of the Japanese Plum Industry in the Wakayama Prefecture: A Comparative Study on Plum Industry Development .... ISHIDA, Fumio 137

Study of Japanese Ceramic-producing Area Regeneration: The circumstances and Weaknesses of the Manufacturer of Yokkaichi Banko Ceramic
.... NISHIURA, Hisao 141

Development from an Eyeglass Frame Production Area to a Titanium Precision Processing Technology Accumulation Area in Sabae: From Structural Analysis to Dynamic System Research in the Production Area
.... UENO, Toshihiro 145

Improvement in Members' Connecting Ability through Cooperation of the Horizontal Network and Revitalization of the Local Industry: From the Case Study of "Shitamachi Bobsled Network Project" in Ota Ward, Tokyo
.... OKUYAMA, Mutsumi 149

Recent Trends of Traditional Craft Industrial Regions
.... YAMAMOTO, Atsutami 153

Creation of Social Business by SMEs for Local Social Issues: Development of the Local Community Reproduction Business by Wasaiya
.... TASHIRO,Tomoharu 157

The Study of Small Enterprises with Satisfactory Business Conditions
.... HACHIMINE, Minoru 161

Is it Unnecessary to have a Small-scale Care Business?—Evaluation of High Quality Service Required .... TAKEUCHI, Eiji 165

Determinants of the Number of Bank Relations of Japanese SMEs: An Empirical Analysis Using Firm-level Panel Data .... SASAKI, Shinsuke 167

Editor's Note: TAKAHASHI, Miki 171

統一論題

地方創生における地域中小企業の役割と自治体支援
―島根県浜田市の事例から―

浜田市長　久保田章市

1．はじめに

　今，国をあげて「地方創生」が叫ばれている。この「地方創生」，地方自治体は一体，どのように受け止めているのであろうか。また，「地方創生」において地域中小企業はどのような役割を担い，その遂行に対して，地方自治体はどのような支援を行うべきであろうか。本稿は，こうした疑問に対する一つの答えとして，山陰の小都市である島根県浜田市の事例を報告するものである。

　本稿の最大の特徴は，地方自治体の首長自身が，政策立案に至った経緯や実施プロセスについて述べている点である。地方自治体の政策，特に中小企業政策についての研究は多い（例えば，一言，1997，松本，2006，川名，2012，本多，2016など）。言うまでもないが，地方自治体の政策についての研究のほとんどは，自治体提供のデータや資料，アンケート調査，関係者への聞き取りなどから第3者である研究者が客観的分析，検証を行っているものである。

　こうした研究はもちろん意義がある。しかし，時として政策立案者の意図や政策遂行にあたっての苦労などが研究者に伝わらないこともある。筆者は元大学教授であり，研究の世界に身を置いていた者[注1]ではあるが，本稿では政策立案・遂行の責任者としての立場から，政策がどのようにして作られ実施されているかについて現場から報告を行う。

2．浜田市の概要と現状

2.1　浜田市の概要

　浜田市は，島根県西部に位置する人口約56千人の小都市である。1619年，浜田

藩が設置されたところからまちづくりが始まり、明治時代初めの数年間は浜田県の県庁所在地でもあった。2005年10月、5つの市町村が合併し、面積は東京23区より広い約690平方キロメートルあり、北は日本海、南は広島県に接する広い市域を有している。

　市の主な産業は、水産業、農林業などの第一次産業、水産加工品などの食品製造業である。特に水産業は、山陰有数の漁港「浜田港」を有し、豊富な魚種が水揚げされ、基幹産業となっている。このほか、土木・建設業、医療・福祉などのサービス業などもあるが、こうした事業者のほとんどは中小企業である。

　本市が抱える最大の課題は、人口減少問題への対応である。市の人口は年々減少し、それに伴い産業も低迷している。

２.２　浜田市の現状
　　ここでは、浜田市の現状のうち、人口、経済に関する4点について説明する。
(1)　少子高齢化と人口減少の進展
　表1は浜田市の人口推移（国勢調査の数値）である。1955年に約91千人であった人口は、その後60年間減少し続け、2010年には3分の2の約61千人になった。年齢階層別にみると、1975年以降、0〜14歳人口、15〜64歳人口はともに減少し、逆に65歳以上人口が増加。少子高齢化が進展し、高齢化率は29.9％（2010年）である。

表1　浜田市の人口推移

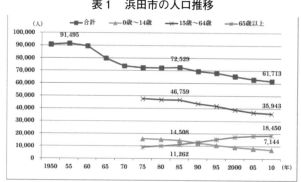

※国勢調査の数値による。
出所：浜田市まち・ひと・しごと創生総合戦略（2015年）

表2 浜田市の人口動態推移

(人)

		1993年度	2003年度	2013年度	2014年度	2015年度
人口（年度末）		67,671	64,304	57,778	56,990	56,159
	転入	2,872	2,717	1,964	1,875	1,951
	転出	3,304	2,932	2,246	2,194	2,343
	社会増減	▲ 432	▲ 215	▲ 282	▲ 319	▲ 392
	出生	586	510	415	442	407
	死亡	686	720	878	911	846
	自然増減	▲ 100	▲ 210	▲ 463	▲ 469	▲ 439
増減計		▲ 532	▲ 425	▲ 745	▲ 788	▲ 831

出所：「浜田市の概況」各年版より筆者作成

近年，人口の減少幅は年々拡大している。表2は，1993年度以降の人口動態の推移を示したものであるが，1993年度から2013年度の20年間だけで約1万人減少（年平均約5百人減少）。2014年度，2015年度の直近2年間は毎年約8百人減少している。人口動態別に見ると，出生数の減少，死亡数の増加で自然減が拡大，自然減は1993年度の▲100人が2015年度には▲439人になっている。また，社会動態では毎年▲300～▲400人の社会減がある。市内の高校卒業生は毎年約500人いるが，その8割は進学，就職で一旦，市外，県外に転出している。しかし，進学後の就職の時期になっても「働く場所がない」などの理由で多くは帰って来ず，恒常的に社会動態はマイナスとなっている。

(2) 人口減少に伴い市内経済は低迷し市財政も悪化

人口の減少は，地域経済にマイナスの影響を与える。その一つは，民間事業者への影響である。地域の人口が減少するということは，その地域で生活し，様々な商品やサービスを購入する「個人顧客」が減るということである。個人顧客を対象とする事業者にとって売上減少要因となり，業績も悪化する。企業の業績が悪化すれば，そうした法人向けの事業にも影響する。また，産業の労働力の面においても労働力不足といった影響がある。

二つ目は，市財政への影響である。市の人口が減少すれば，市の歳入も減少する。これには2つのルートがある。一つは，住民の減少による市税（市民税，固

定資産税など）の減収である。もう一つは地方交付税の減少である。自治体の多くは，歳入の何割かを国から交付される地方交付税に頼っている[注2]。この地方交付税は，市の人口や面積などで算定され，人口が減れば，交付税も減額され，歳入減となる。このほか，給水人口が減って水道事業が悪化するなどの影響もある。

(3) 事業者数も年々減少

　表3は，市内事業所数の推移である。事業所数は，2001年に4,168事業所あったが，その後，減少を続け，2014年には3,422になった。業種別に見ると，最も多いのは卸・小売。次いでサービス業，宿泊・飲食，建設，医療・福祉，製造，農林水産と続く。2001年から2014年までの間，ほとんどの業種で事業所数が減少しているが，増加しているのは医療・福祉と不動産業である。前者は人口の高齢化に伴う医療，福祉ニーズの高まりで医療・福祉施設が増加し，後者は事業所や店舗の廃業，空き家の解体などで駐車場経営者が増加しているためと考えられる。

表3　浜田市の事業所数・従業員の推移（民間のみ）

	2001年	2006年	2009年	2014年
事業所数（事業所）	4,168	3,852	3,612	3,422
うち，農林水産業	48	37	47	45
製造業	309	250	239	219
卸・小売	1,603	1,137	1,041	918
宿泊・飲食		377	400	380
建設	440	398	371	327
不動産	151	181	204	177
金融・保険	92	83	83	71
医療・福祉	1,372	257	238	268
サービス業		1,009	858	894
その他	153	123	131	123
従業員数（人）	30,162	27,726	27,506	27,768

出所：浜田市「統計はまだ」等より筆者作成

事業所数の減少に伴い雇用者数も減少している。雇用者数は，2001年の30,162人が，2014年には27,768人になった。従業員数を事業所数で割った1事業所あたりの従業員数は8.1人（2014年）と，本市の事業者の規模は小さい。市の調査によると市内企業のうち，従業員規模が300人を超える企業は2社で，あとは全て300人未満である[注3]。

(4) 少ない進出企業

多くの自治体が，雇用の場の確保のため，企業誘致に取り組んでいる。本市も例外ではなく，1960年代以降，長年にわたって企業誘致に取り組んできた。しかし，表4のように，1990年代以降の進出企業は，10年間に2社程度にとどまっている。これは，当市にはまとまった広さの平地が少ない，大消費地から遠く物流コストがかかる，高速道路などの交通網が未整備など，地理的理由が大きい。

表4　浜田市への進出企業

時期	企業名	事業内容など	本社所在地	従業員（人） （2016/4/1現在）
1960年代	A 合板	合板製造	島根県松江市	197
	B 工業	工業用ゴム製品製造	神奈川県	187
1970年代	C 木工	家具製造	広島県	73
	D 金属	金属プレス部品製造	大阪府	16
	E 工業	熱交換器製造	広島県	137
	F リース	リネンサプライ業	広島県	63
1980年代	G 工業	自動車部品製造	兵庫県	147
1990年代	H ホテル	ホテル事業	愛知県	38
	I 電力	火力発電	広島県	64
2000年代	J 食品	食品加工業	島根県江津市	40
	K 工業	金属プレス加工業	東京都	52
2010年代	L 工業	自動車部品製造	広島県	126
	M 開発	ソフトウェア開発	東京都	5

出所：浜田市調べ

また，進出企業の規模も，近時，小さくなっている。1960年代から1980年代ま

でに進出した7社のうち，現在従業員が100人を超える企業は4社あったが，1990年以降に進出した6社のうち，100人を超える企業は1社のみで，他は100人未満である。

3．浜田市における地方創生と地域中小企業

3.1　浜田市における地方創生

そもそも「地方創生」とは何か。中西（2015）によると，「地方創生」という言葉は，2014年7月，安部内閣総理大臣が使ったのが最初である[注4]。その後9月，地方創生担当大臣が新設され，11月に「まち・ひと・しごと創生法」（以下「創生法」）が衆・参両議院で可決成立，12月に「まち・ひと・しごと創生本部」が設置され，地方創生の取組みが始まった。

「地方創生」とは，正式には「まち・ひと・しごと創生」という。創生法によると，東京一極集中を是正し，地方の人口減少に歯止めをかけ，活力ある日本社会を維持することを目的とし，「しごと」を創出し，「ひと」を確保し，「しごと」と「ひと」の好循環を確立し，「まち」に活力を取り戻す，一連の政策のことである。

しかし，この説明は，地方で政策の立案，遂行に取り組む自治体の立場からすると分かりづらい。そこで，本市においては，地方創生を，「産業振興などで雇用の場を確保し，子供を生み育てやすい環境をつくり，定住人口を増やす取組み」と定義している。

定住人口を増やすためには，大きく2つの対策がある。一つは自然減対策であり，子育て支援など出生数を増やす取組みである。もう一つは社会減対策であり，転入者を増やし転出者を抑える政策であり，そのために先ず取り組まなければならないのが「雇用の場」（=しごと）の確保である。

「雇用」という点では，本市には，一度に多くの雇用を期待できるような大企業はない。また，地理的問題もあり，新たな進出企業にも大きな期待はできない。そうすると，結局，雇用は地域中小企業に担ってもらうしかない。しかしながら，地域中小企業の多くは人口減少の進展，地域経済の低迷などを背景に，厳しい経営状況にある。

3.2 地域中小企業で期待できるのは地域外需型

今後，新たな雇用創出を期待できる地域中小企業とは，どんな企業であろうか。筆者は，地域中小企業には「地域内需型」と「地域外需型」の2つがあると考えている[注5]。

地域内需型企業とは，「主として地域内の個人・法人を顧客とする企業」である。ここでいう「地域」には，近隣自治体を含む「浜田市経済圏」といった意味である。具体的には，建設，不動産，医療・福祉，金融・保険，卸・小売，サービスなどの業種である。他方の地域外需型企業とは，「主として地域外の個人・法人を顧客とする企業」である。具体的には，水産，農林，加工・製造などの業種であり，本市においては，卸業のうち鮮魚卸なども該当する。

今後も，地域の人口減少が続くものと考えれば，地域内需型企業の雇用増加はあまり期待できない。今後，雇用創出が期待できるとすれば，それは市外・県外に販路拡大ができる地域外需型企業であり，本市の場合，地元産の農水産品などの生産，加工，販売を行う事業者である（これを「地産品事業者」と呼ぶ）。本市の雇用拡大には，地産品事業者の発展が不可欠である。

4. 地産品事業者の販路開拓を支援

地産品事業者の多くは小規模中小企業である[注6]。大半は専任営業マンがおらず，営業は社長の仕事である。しかし，営業情報が少ない，信用がないなどで，販路開拓をしようにも出来ない状況にあった。そこで，販路開拓支援に取り組むこととし，具体的には，次の3つの支援策に取り組んでいる。

支援1 市役所内に「販路開拓支援」組織を設置

最初に行ったのが販路開拓専門部署の設置である。2014年4月，販路開拓を担う新組織，「産業振興課」を産業経済部内に設置した。

この組織のベースになったのが，2007年12月，経済団体主導で設立された「はまだ産業振興機構」（以下，「機構」）である。この機構は理事長には商工会議所会頭が就任し，事務所は県施設の一角に置き，職員は市からの出向者4名（うち課長クラス1名は機構の事務局長）と民間人（金融機関OB）1名の計5名で，活動内容は地産品事業者の販路開拓支援であった。

機構は，中小企業庁（2015）で紹介されている「地域商社」であり，運営は，担い手として最も多い「協議会，公益法人，商工会・商工会議所等の団体」である[注7]。しかし，筆者は，この組織は寄り合い所帯であり，命令系統が明確でなく，市との連携も不十分と感じていた。

　そこで，機構を市役所内に取り込むこととし，新理事長には副市長に就任してもらい，事務局長は産業振興課長が兼務，機構職員は産業振興課員6名（臨時職員3名含む）の兼務とした（図1は機構の新旧組織）。

図1　「はまだ産業振興機構」の概要

	当初概要	変更後概要
設立（変更）時期	2007年12月設立	2014年4月変更
組織の位置づけ	経済団体設立の任意団体	市役所内組織
理事長	浜田商工会議所会頭	浜田市副市長
事務局長	市からの出向者	産業振興課長が兼務
職員	市からの出向者、金融機関OB	産業振興課員が兼務
事務所	県所有施設に入居	市役所産業経済部内
活動内容	支援希望企業（当初77社）に対し販路開拓支援	支援希望企業（変更時101社）に対し販路開拓支援

出所：浜田市資料をもとに筆者作成

　活動は，支援希望のあった事業者(2013年時点で101社)の販路開拓支援である。課員は市で作成した「浜田の商品リスト」[注8]を持って，大都市の大型小売店，飲食店などを訪問，商品をセールスする。必要に応じ市長が先方の実権者にトップセールスも行う。そして，取引見込みがあれば，課員は改めて支援希望事業者と一緒に先方を訪問，あるいは先方バイヤーを浜田市に招聘して商談の機会を設ける。また，年に数回，各地の大型小売店などで「浜田産品フェア」を開催。その際，店舗側との交渉，出店事業者の募集，開催準備，当日の接客なども行う。

支援2「広島市場開拓室」を設置

　2014年6月，広島市内に「広島市場開拓室」を開設した。浜田市の人口は減少を続けているが，車で約1時間半の距離に人口約119万人の広島市がある。この

広島市を「市場」と捉え，販路開拓や企業誘致などの活動を行うために設置したものである[注9]。

オフィスは広島市の中心部，島根県を地盤とする山陰合同銀行所有ビルの中に置いた。1階には，山陰合同銀行広島支店があり，2階には島根県広島事務所がある。このビルに設置したのは，販路開拓や企業誘致には「情報」が重要であり，山陰合同銀行や県広島事務所と連携をとりながら活動を行うためである。そして，駐在員として3名を発令（室長1，係長1，室員1），駐在員住宅としてオフィス近くのマンション3室を市で借り上げた。

活動の中心は販路開拓である。特に地元産の鮮魚などの水産品，野菜，肉などの農・畜産品を，広島などの山陽地区，四国地区の大型小売店，飲食店に売込みしている。また，大型小売店などで浜田産品フェアを開催したり，浜田から地産品事業者に来てもらい合同商談会なども行っている。こうした活動に加えて，広島県内企業をターゲットとする企業誘致にも取り組ませている。

この施策で最も苦労した点は，駐在員の人選である。本市職員の多くは，家庭の事情などから，「市内に居住でき」，「転勤がない」ことが市職員になった大きな理由の一つである。また，職員のほとんどは「営業」経験がない。こうした職員の中から駐在員を選ばなければならない。営業適性がありそうな職員をリストアップし，広島勤務を打診し，本人の同意を得て3名を発令した。

支援3「ふるさと寄附」制度の活用

「ふるさと寄附」制度[注10]も，市内事業者の販路拡大に大いに役立っている。図2は，ふるさと寄附の開始から現在にいたるまでの，寄附額と返礼品数の推移である。

ふるさと寄附は，2008年4月の地方税法の改正によって可能となり，本市では，制度が始まった2008年度から取組みを開始した。取組みの狙いは，開始後数年は純粋に自主財源確保であった。3年目の2010年4月，寄附者に返礼品の贈呈を開始した。これは10万円以上の寄附者に，市作成の「石見神楽[注11]カレンダー」を贈呈したものである。

2012年4月，返礼品の贈呈対象を「1万円以上の寄附者」に変更，返礼品に地産品を加え，返礼率は寄附額の約半分，返礼品数は15品目とした。この年の寄附額は16百万円であり，その半分の約8百万円は返礼品の仕入代金，つまり地産品

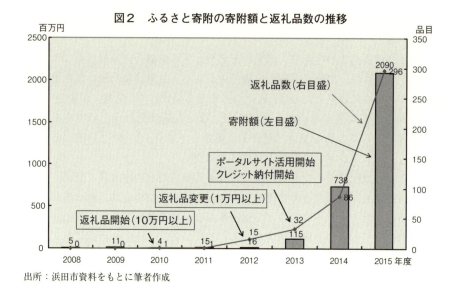

図2 ふるさと寄附の寄附額と返礼品数の推移

出所：浜田市資料をもとに筆者作成

事業者の売上となった。

　ふるさと寄附は，地産品の販促にも大変有効であった。そこで，2013年度からは，制度の目的に「地産品事業者の販促支援」を加え，返礼品数を2013年度には32品目，2014年度86品目，2015年度296品目と増やした。2013年には，ふるさと寄附をポータルサイトで受け付け，決済をクレジットカードで行う事業者が出現，この事業者と契約をした。この年11月から，ポータルサイトでの受け付けを開始したところ寄附額が急増。2013年度の寄附額は115百万円となり，2014年度は738百万円となった。2015年度は全国的にふるさと寄附がブームになったこともあり，寄附額は一気に2,090百万円に増加した。

　寄附額の使途のうち，約半分は返礼品の仕入代金である。言い換えれば地産品事業者の売上である。2015年度を例にとると，返礼品提供事業者は96社，その売上は996百万円。一事業者あたりでは10.4百万円である。地産品事業者の大半は小規模中小企業であるが，ふるさと寄附は，こうした地産品事業者にとって，販路拡大の大きなツールとなっている。

5．まとめと今後の地域中小企業支援

　本市においては，地方創生を「定住人口を増やす取組み」と定義し，人口の自然減対策，社会減対策に取り組んでいる。このうち，社会減対策では，先ずは「雇用の場」（＝しごと）の確保が必要であるが，大企業がなく，企業誘致も難しい本市にあっては，雇用は地域中小企業に担ってもらうしかない。

　地域中小企業のうち，雇用創出が期待できるのは「地域外需型」企業であり，本市の場合，地産品事業者である。そこで，本市では，地産品事業者の支援を最重要施策として打ち出し，市役所内に販路開拓専門部署を設置し，広島市場開拓室も開設，販路開拓支援に取り組んだ。活動の結果，販路開拓の実績は着実にあがっている。また，ふるさと寄附制度の導入も地産品事業者の販路拡大に大いに役立っている。

　今後の地域中小企業支援としては，次の２つを考えている。一つは，地産品事業者の商品開発力の強化である。販路開拓の活動を行っている過程で，小売店のバイヤーなどから商品企画，価格，パッケージなどについて「もっと工夫を」との意見をよく聞く。そこで，地産品事業者の販路を更に拡大するためには，商品開発力を強化する必要があると考え，2014年から商品開発力の強化策に取り組んでいる。具体的には，商品開発コンサルタントや大手小売店のバイヤーを招き，商品開発セミナーや個別相談会を開催している。今後，こうした商品開発力の強化に，更に取り組む予定である。

　もう一つは，地域中小企業全体にかかわるテーマであるが，経営後継者の育成である。言うまでもないが，企業は経営後継者がいなければ継続できない。仮に経営者の子供など，将来，経営後継者になりうる人材がいたとしても，厳しい経済環境の中，しっかりとした経営を行い，事業を継続・発展させてもらわなければ地域経済は衰退する。経営後継者の育成は，地方の将来にとっても重要である。

　本市においては，地元信用金庫が2004年から「せがれ塾」という中小企業の事業承継を支援する事業に取り組んでいる。また，筆者は，前職の大学教授時代，中小企業の後継者育成の研究をしていた[注12]。そこで，地元経済団体や地元信用金庫に呼びかけ，2016年5月，第1回の「後継者よ頑張ろう，フォーラム」を開催。このフォーラムには，100人を超える中小企業の後継者の参加があった。

　今後は，本市にある島根県立大学，地元経済団体，地元金融機関などとも連携

し，経営後継者の育成に本格的に取り組むことを予定している。

〈注〉
1　筆者は元法政大学教授。Uターンで故郷浜田市に戻り，2013年10月，浜田市長に就任。現在も法政大学客員教授，島根県立大学非常勤講師を兼務。
2　本市の場合，歳入総額の約3割，110億円程度の地方交付税を受けている。
3　市内企業で，最も従業員が多いのは社会福祉法人で502人。第2位は医療法人で339人。第3位は食品製造業で273人。ともに2016年4月1日時点。
4　安部内閣総理大臣が閣僚懇談会において，「個性あふれる地方の創生により，（略），次世代へと豊かな暮らしをつないでいくため『まち・ひと・しごと創生本部』を立ち上げる」旨の発言をした中で使われた。
5　類似の分類は中小企業白書2014年版にある。同書では目指す市場が「同一市町村」，「隣接市町村」，「同一都道府県」としている企業を「地域需要志向型」，「隣接都道府県」，「全国」，「海外」としている企業を「広域需要志向型」と分類している。
6　2013年時点の支援希望企業101社の従業員規模は，5名以下51社，6～10名13社，11～20名18社，21～50名12社，51名以上12社であった。
7　中小企業白書2015年版によると，「地域商社」とは，地域に密着して地域資源の発掘，地域資源の活用法検討，市場調査，商品開発，販路開拓，販売促進活動などを行う組織である。運営主体は，「協議会，公益法人，商工会・商工会議所等の団体」が最も多く56.3％，次いで「民間企業」15.9％，「行政（市町村）」10.6％と続く。
8　2015年版（2年に1回改定）の掲載商品数は，106事業者の281商品。
9　営業活動を行う組織を他自治体に設置するのは，全国でもあまり例がない。
10　一般的には「ふるさと納税」と言われているが，本市では，その性格が「寄附」であることから，「ふるさと寄附」と言っている。
11　島根県西部（「石見地域」という）に伝わる伝統芸能。浜田市は最も石見神楽の盛んな地域で，50を超える神楽社中（神楽を演ずる団体）がある。
12　筆者の後継者育成に関する文献には，久保田，2013a，2013bなどがある。

〈参考文献〉
1　中小企業庁（2014年）『中小企業白書2014年版』ぎょうせい，pp.142-146
2　中小企業庁（2015年）『中小企業白書2015年版』ぎょうせい，pp.383-389
3　浜田市（2015年）『浜田市まち・ひと・しごと創生総合戦略』浜田市
4　一言憲之（1997年）「地域中小企業の現状と自治体の支援策」ぎょうせい編『地方財務』ぎょうせい，pp.30-38
5　本多哲夫（2016年）「地域社会づくりと自治体中小企業政策―大阪の事例から―」日本中小企業学会編『地域社会に果たす中小企業の役割―課題と展望―（日本中小企業学会論集35）』同友館，pp.16-28

6 　川名和美（2012年）「地方自治体の産業振興ビジョンと中小企業—広島県を事例として—」日本中小企業学会編『中小企業のイノベーション（日本中小企業学会論集31）』同友館，pp.230-242
7 　久保田章市（2013年a）『小さな会社の経営革新，7つの成功法則』角川マガジンズ
8 　久保田章市（2013年b）『二代目が潰す会社，伸ばす会社』日本経済新聞出版社
9 　松本里美（2006年）「自治体の中小企業支援策の策定と実施・継続のために—川越市「事業所実態調査」から」中小商工業研究所編『中小商工業研究』中小商工業研究所，pp.162-167
10　中西渉（2015年）「地方創生をめぐる経緯と取組の概要—将来も活力ある日本社会に向かって—」参議院事務局企画調整室編『立法と調査』No.371，参議院事務局企画調整室発行，pp.3-9

自治体による地域中小企業への研究開発助成
— 地域間格差とその要因 —

一橋大学　岡室博之
学習院大学　西村淳一

1. はじめに

　研究開発によってイノベーションや新事業を創出することは，地域経済の振興のためにも重要である。日本では「科学技術基本計画」の下で，特に今世紀に入ってから地域におけるイノベーションの促進が政策課題として重視されるようになり，経済産業省・文部科学省それぞれのクラスター支援事業や，農林水産省を加えた3省連携の「地域イノベーション戦略推進地域」等の支援制度が実施された（Kitagawa 2007，岡室 2009，三橋 2013b）。また，それと並行して，各都道府県で「科学技術ビジョン」が策定され，ほとんどの都道府県で独自の研究開発助成事業が始まった（三橋2013b）。近年は「地方創生」政策との関連で，地域の中小企業等を対象とする独自の研究開発支援政策が市町村レベルまで拡がっている。

　政府が2014年以降推進している「地方創生」は，地方自治体が各地域の実情と動向を踏まえて自ら「地方版総合戦略」を策定・実施することを求めている。それまでの地域活性化では国が政策立案の主体であったが，「地方創生」においては地方自治体が主役となる[注1]。しかし，現状ではそのような地方自治体レベルの施策情報はまだ十分に蓄積・共有されていない[注2]。世界的に見ても，国（中央政府）の政策に関する研究は多いが，地方自治体の政策の定量的な把握と分析は，まだほとんど行われていない。

　そこで本研究は，全国の地方自治体における地域中小企業向けの研究開発補助金事業の有無とその内容・運用を調査し，全体的な傾向と多様性を明らかにする。また，どのような地域や自治体が地域の中小企業への研究開発助成を行う傾向があるのかを計量的に分析する。Tödling and Trippl (2005) が指摘するように，

地域ごとに特性が異なるので，すべての地域に適合するイノベーション政策はありえない。むしろ，大都市圏や産業集積地，それ以外の地域を分けて，それぞれの類型に合った地域振興策やイノベーション支援策を考えるべきである。

このように，地方自治体による研究開発助成の全体的な状況と実施の要因を把握することには，学術的にも政策的にも重要な意義があると考えられるが，中小企業庁委託事業の「ミラサポ」による施策情報の提供は限定的であり，地方自治体間での施策情報の共有もあまり見られない。我々の知る限り，このような地方自治体による研究開発助成の詳細な調査と分析は初めての試みであり，地域の中小企業政策やイノベーション政策の基礎資料としての価値も高いと考える。

2．先行研究の整理

「地域イノベーションシステム」(Cooke et al. 1997) が世界レベルで注目を集め，クラスター，公設試など地域の公的研究機関，産学官連携が研究の主な対象となる一方で，地方自治体の政策に関する研究は少ない。近年海外では，特に科学技術政策の分野について，multilevel policy mixやmultilevel governance等の概念を用いた，国内地域レベル，国レベル，EUなど超国家レベルの政策の関係の研究が増えているが（Laranja et al. 2008; Fernandez-Ribas 2009; Flanagan et al. 2011)，市区レベルまで含めて具体的な政策を分析・考察するものは見られない。

本研究に関連する日本の先行研究は，国の地域クラスター政策の分析評価(Nishimura and Okamuro 2011a, 2011b；大久保・岡崎 2015) と特定の地方自治体の施策に関する詳細な事例研究（本多 2013, 2015, 2016, 田中・本多編著 2014等）に大別される。前者は経済産業省の「産業クラスター政策」の効果を企業レベルのミクロデータを用いて計量的に検証し，後者は大阪市や大阪府等の中小企業政策を詳細に検討している。さらに，松原編（2013）は「地域分析篇」で日本各地の産業クラスターと地域イノベーションの事例を報告し，松原編（2013）に含まれる三橋（2013a）は文部科学省のクラスター支援政策と成果の関係を，三橋（2013b）は都道府県が策定した「科学技術振興ビジョン」を対象にして，策定時期，目的と手法，位置づけについて都道府県間の比較分析を行っている。しかし，市区レベルの政策を全国的に調査し，その異同を比較検討するものはない。

世界的に見ても，国のイノベーション支援政策の分析は多いが，地域レベルの政策を全国規模で比較分析したものは，筆者の知る限り，米国の州を対象とする最近の研究（Lanahan and Feldman 2015, Lanahan 2016）を除いて，まだ見られない。Lanahan and Feldman（2015）は，アメリカの連邦政府が実施しているSBIR（中小企業イノベーション支援）プログラム採択企業に対する州政府の追加支援に注目し，州レベルのパネルデータを用いて追加支援の実施要因を分析する。他方，Lanahan（2016）は，州政府によるSBIR追加支援の効果を，次のステップでの連邦支援の獲得比率とSBIR支援申請数の増加を目的変数として検証する。本稿の研究は，米国の州よりも小規模で権限の弱い日本の都道府県と市区による多様な政策を対象にすることと，国の政策とは独立の助成事業を対象にすることにおいて，Lanahan and Feldman（2015）に対して明瞭な独自性を持つ。

本研究は，日本の地方自治体による地域中小企業向けの研究開発助成事業に関する独自のアンケート調査データを用いて，都道府県と市区による助成事業の全体像と多様性を明らかにし，助成事業の実施要因を明らかにすることによって，世界的な研究のギャップを埋めるものである。

3．調査の概要

本研究の調査対象は，全国の地方自治体（都道府県，市と東京23区）が2015年度に実施していた，企業の研究開発等の補助・委託事業である。そのような事業を持つ町村は非常に少ないので，町村は対象から除外する。また，2014年度以前に終了した事業と助成対象1件あたり上限金額が100万円未満の事業も除外する。調査対象となる地方自治体と担当部署は，中小企業庁委託事業「ミラサポ」の施策マップおよび各自治体のホームページから検索・選定した。調査項目は，1）事業の内容（開始年度，助成対象と要件，補助率・補助金上限，事業予算・支出額，応募・採択件数，過去の助成実績等），2）審査・採択・評価のプロセス（審査方法，採択後の支援，進捗確認，成果報告と最終審査等），3）助成事業の設計の経緯（国・県の施策との関連，過去の関連事業，事業開始の契機，助成基準の決定理由，自己評価，今後の課題，事業の評価方法等）である。

全国の291事業の担当者に対して，2016年1月～3月にウェブ調査（調査票郵送・ウェブ回答）を実施し，247事業について有効回答を得た（有効回答率85％）。こ

れに予備調査の結果を加え，1件あたり補助金の上限100万円未満の事業を除く241件（37都道府県90件，130市区151件）を，本稿の分析対象とする。

4．調査回答の集計結果と考察：地方自治体による研究開発助成政策の多様性

アンケート調査の結果に基づいて，全国の自治体による研究開発助成政策の平均的な内容と，そのばらつきを見てみよう（表1）。事業開始年度の平均は2008

表1：調査回答の集計結果

調査項目	平均値	中央値	最小値	最大値
事業開始年度	2008	2010	1972	2015
対象：単独企業	0.121	0	0	1
対象：産学官連携を含む	0.510	0	0	1
助成期間：1年以内（当該年度）	0.604	1	0	1
補助率（％）	62	67	20	100
補助金上限（期間全体）（万円）	701	300	100	10000
人件費支払い可	0.367	0	0	1
概算払い可	0.369	0	0	1
2015年度事業予算額（万円）	3845	1036	100	76000
2015年度応募件数	12.0	5	0	280
2015年度採択件数	7.7	4	0	80
2015年度事業支出見込（万円）	2850	734	0	76000
助成件数累計	45.0	24	0	306
外部専門家を含む審査委員会	0.808	1	0	1
審査員総数	6.7	6	1	28
選考方法：書類選考とヒアリング	0.866	1	0	1
採択後のサポートあり	0.554	1	0	1
中間審査あり	0.756	1	0	1
中間審査後の取り消し・減額あり	0.671	1	0	1
終了後の最終審査あり	0.494	0	0	1
最終結果によっては助成減額あり	0.580	1	0	1
終了後のフォローアップ調査実施	0.700	1	0	1
国（県）の事業との重複助成不可	0.751	1	0	1
助成基準：国の施策との関連考慮	0.291	0	0	1
助成基準：地域企業の現状を考慮	0.225	0	0	1
助成基準：以前の事業に準じる	0.216	0	0	1
助成基準：近隣自治体を参考に	0.160	0	0	1

年度（中央値2010年度）で，最初の事業は1972年度に開始された[注3]。事業の多くが「地方創生」によって急に始まったわけではない。助成対象を企業単独事業に限定するのは12％に過ぎず，大半は連携事業を対象とするか，対象として認め，約半数が産学連携事業を対象に含む。助成事業の8割以上が対象事業者を地域の中小企業に限定するが，連携相手は同一自治体内に限定されないことが多い。内部資源の乏しい中小企業にとって外部組織との連携は特に重要であり，また最適な連携相手を広い範囲から選ぶことが連携の成果を高めるので（岡室 2009），地域外の企業や大学等を含む連携を積極的に支援することは重要である。

　助成期間は短く，1年以内（募集の年度内に終了）が6割以上である。補助率の上限は2分の1（4割）か3分の2（4割）が多い（平均62％）。委託事業を除いて一部自己負担を求めることが多いのは，予算の節約の他に，事業者のモラル・ハザードを抑制するためだろう。事業1件あたり補助金上限は平均約700万円（中央値約300万円）であるが，最頻値は100万円（22％），最高は1億円である。助成事業の約3分の1が補助金からの人件費支出を認め，約3分の1が概算払いを認めているが，残りは終了後の精算払いである[注4]。2015年度の助成事業の予算は平均約4000万円（中央値約1000万円）であるが，実際の事業費支出は平均約3200万円（中央値約750万円）で，予算がすべて支出されるわけではない。2015年度の応募件数は平均12件，採択は平均8件であり，競争的な選抜が行われる場合が多いが，応募・採択が0件の事業もそれぞれ7％程度ある。

　このように助成期間が短く（実質的に半年以内になることも珍しくない），人件費の支払いを認めないことが多く，また研究資金の精算払い（後払い）が多いことから，このような助成金の多くは中小企業にとって使い勝手が悪いのではないかと予想される。全体的に応募が少ないことの理由のひとつとして，このように使い勝手が悪いことが挙げられるかもしれない。地方自治体の財政事情や政策の優先順位もあるだろうが，公金を支出するからには，それをできるだけ使いやすくするほうが応募も集まり，効率も高まると期待される。

　採択のための審査は外部の専門家を含む複数の審査員によって行われることが多く，多くの場合（87％）書類選考の他にヒアリングが実施される。55％の事業において採択事業者に対し採択後に技術支援・経営支援等が行われ，75％が中間審査を行い，その3分の2において中間審査の結果次第では交付内定取り消しや内定額の減額がありうる。助成対象事業者には成果報告書の提出が求められる

が，助成事業の51％においてはヒアリング等の最終審査は行われない。ただし，58％においては成果報告書の内容次第で助成金の減額等がなされる。また，70％の事業で助成終了後にフォローアップ調査が行われている（中央値は5年間）。

厳格な選考や評価も重要であるが，元々助成金額が少なく，助成期間が短く，直接的な効果を挙げにくいことから，間接的な効果を重視した制度設計も重要である。地域企業が助成事業に採択されることにより，研究開発への資金供給以外のさまざまなメリット（技術・経営上の助言，ネットワーク支援，信用・ブランド価値の向上等）が得られるよう，助成制度の内容を設計することが望まれる。

最後に，当該自治体事業の位置づけであるが，回答者の75％が「国（や県）から同一年度に助成を受けた事業は助成の対象にならない」としている。残りの大半（23％）は「国（や県）から同一年度に助成を受けた事業であっても助成の対象になる」としており，「国（や県）から同一年度に助成を受けた事業のみが助成の対象となる」というのは2％に満たない。従って，多くの場合，国と都道府県と市の助成事業の棲み分けは明確になっている。また，現行の助成事業の内容や基準の決定において，「国（や県）の施策との関係を考えて決めた」という「政策の棲み分け」重視の回答が最も多く（29％），「地域企業の現状を考慮して決めた」（23％），「以前の助成事業に準じて決めた」（22％）がそれに次ぐ。「近隣の自治体の事業を参考にして決めた」（16％）という「横並び」重視は比較的少ない。

この質問は択一回答を求めるので，助成事業の設計において実際に「地域企業の現状を考慮」しているものは23％よりも多いと思われる。しかし，地方自治体は地域の中小企業にとって最も身近な政策主体であるから，政策の棲み分けも重要であるが，地域の中小企業のニーズをより強く考慮した政策設計が求められる。

5．自治体の類型による事業内容の違い

以上の集計結果は，助成事業の内容・実施方法等について地方自治体間にさまざまな違いがあることを示す。そこで次に，都道府県と市区の事業を区別し，また市区を政令指定都市・県庁所在地とそれ以外に分けて，平均値の差を比較することにより，助成事業の内容と特徴の違いを見てみよう（表2）。

紙幅の制約のため，比較結果をすべて詳細に報告することはできないが，統計的に有意な差が見られる点は以下の通りである。都道府県と市区の事業を比較す

表2：都道府県と市区，政令指定都市等の違い（変数の平均値の差）
(Mann-Whitney 検定に基づいて5％以上の水準で統計的に有意な差が見られるところを太文字で表示)

調査項目	都道府県	市区	政令県庁	その他市区
事業開始年度	**2009**	**2007**	2008	2007
対象：単独企業	0.13	0.11	0.03	0.14
対象：産学官連携を含む	0.52	0.51	0.53	0.50
助成期間：1年以内（当該年度）	**0.49**	**0.67**	0.63	0.68
補助率（％）	**69**	**58**	60	57
補助金上限（期間全体）（万円）	**1256**	**366**	639	291
人件費支払い可	0.42	0.34	0.34	0.34
概算払い可	0.38	0.36	0.25	0.39
2015年度事業予算額（万円）	**7348**	**1805**	4206	1131
2015年度応募件数	**22.5**	**6.1**	8.5	5.4
2015年度採択件数	**12.8**	**4.6**	5.4	4.4
2015年度事業支出見込み（万円）	**6286**	**917**	1797	675
助成件数累計	**61.8**	**34.7**	34.8	34.7
外部専門家を含む審査委員会	**0.97**	**0.71**	**0.87**	**0.67**
審査員総数	**7.95**	**5.79**	5.63	5.85
選考方法：書類選考とヒアリング	0.93	0.85	0.84	0.85
採択後のサポートあり	**0.72**	**0.46**	0.55	0.43
中間審査あり	**0.94**	**0.65**	**0.81**	**0.60**
中間審査後の取り消し・減額あり	0.60	0.73	0.68	0.74
終了後の最終審査あり	0.48	0.48	0.39	0.51
最終結果によっては助成減額あり	**0.44**	**0.66**	0.74	0.64
終了後のフォローアップ調査実施	**0.94**	**0.55**	**0.77**	**0.49**
国（県）の事業との重複助成不可	**0.91**	**0.66**	**0.87**	**0.61**
助成基準：国の施策との関連考慮	**0.38**	**0.24**	0.33	0.22
助成基準：地域企業の現状を考慮	**0.14**	**0.27**	0.20	0.29
助成基準：以前の事業に準じる	0.29	0.18	0.10	0.20
助成基準：近隣自治体を参考に	**0.05**	**0.21**	0.17	0.23

ると，都道府県の事業は相対的に助成期間が長く，補助率や補助金上限額も市区と比べて大きい。事業への応募件数や採択件数をみても，都道府県の事業の方がより競争的なメカニズムによって助成対象者が選ばれている。審査状況では，最終結果による助成減額措置の有無を除き，審査委員数，外部専門家の組み込み，中間審査の実施，フォローアップ調査の実施等の点で，都道府県の方が充実している。市区は限られた予算の中で少数の事業を選択するため，審査による評価が

好ましくない場合，減額等のペナルティーを設ける傾向にあるのかもしれない。最後に，事業の位置づけでは，都道府県の方が，国（市区）の事業との関連性を考慮し，事業の棲み分けを意識して設計していると考えられる。一方で，市区の事業は，地域企業のポテンシャルに強く依存しているため，地域企業の現状を考慮し，また，自治体間の競争から，近隣自治体を参考にするケースも多い。

　次に，市区を政令指定都市・県庁所在地とそれ以外に分けた比較も行ったが，都道府県と市区の比較の場合ほど大きな差はみられなかった。主な結果としては，政令指定都市・県庁所在地の事業の方が，補助金上限額や予算が多く，外部専門家を組み込み，中間審査やフォローアップ調査を実施することで審査の質を高めていることが挙げられる。都道府県の事業と同様に，政令指定都市・県庁所在地の方が，国や都道府県の事業との棲み分けを強く意識する傾向にある。

6．研究開発助成実施の要因分析

　最後に，どのような地域の自治体が企業の研究開発助成を行うのかを，プロビット分析により推定する。分析対象は2015年時点の全国のすべての市と東京23区（813自治体），被説明変数は2015年度に研究開発助成事業を実施している場合に1，実施していない場合に0をとるダミー変数，および産学連携への助成事業を実施している場合に1，実施していない場合に0をとるダミー変数である。

　主な説明変数は，1）地域の研究開発能力（製造業事業所比率，製造業ハイテク分野事業所比率[注5]，情報サービス業事業所比率，専門サービス業事業所比率，製造業平均労働生産性），2）潜在的な連携相手の所在（製造業大企業数，学術・研究開発機関数，県内大学数），3）公共支出の規模と構造（1人あたり行政職員数，商工費比率，経常収支比率）である。1）と2）は地域企業の政策ニーズを示す需要要因であり，政策ニーズが強いほど政策が実施される可能性が高いと予想されるが，他の地域とのギャップを埋めるのが一般的な政策目的であるとすれば，他の地域と比べて研究開発能力の低い地域において研究開発助成の実施確率がより高いと考えることもできる（Lanahan and Feldman 2015）。一方，3）は地方自治体側の支出制約（供給要因）を示し，支出制約の弱い自治体ほど研究開発助成を行う可能性が高いと予想する。なお，経常収支比率は黒字が負になる指標であるので，負の係数が期待される。

人口規模（対数），政令指定都市ダミーまたは県庁所在地ダミーをコントロール変数として用いる。規模の大きい自治体や政策決定権限の強い自治体のほうが，独自の研究開発支援策を実施する可能性が高いと考えられるからである。なお，説明変数には，時系列の関係を考慮して，市区の事業開始年度の中央値（2009年度）以前のデータを用いる。

まず，助成事業の有無についてみると，表3の推定式［1］と［2］の結果から，人口規模等の効果をコントロールしても，製造業への特化（製造業事業所比率）と積極的な商工行政（1人あたり行政職員数，商工費比率）が，研究開発助成の実施確率を有意に高めることを示す。ここでは，変数の効果を理解しやすいように，変数の係数ではなく平均値における限界効果を示している。例えば，推定式［1］では製造業事業所比率が1％増加すると，実施確率は0.6％上昇する。住民1人当たり行政職員数が1％増加すると，実施確率は19.3％上昇するため影響は大きい。商工費比率が1％増加すると，実施確率は1.8％上昇する。また，経常収支比率は黒字のほうが負になる指標なので，これが1％低下すると実施確率は0.4％上昇するということは，頑健な財政構造を有する自治体ほど研究開発助成を行う余地が高いと解釈される。なお，これらの推計結果は補助金上限額300万円以上の助成事業の有無を被説明変数にしても，ほとんど変わらない。

次に，推定式［3］と［4］についてみると，産学連携助成事業については，製造業への特化の有意な効果がなくなり，行政（供給）側の要因のみが影響することがわかった。連携相手となる大学や公的研究機関等の研究機関は各地域に多く存在しており，地域特有の需要要因の影響は弱くなるのかもしれない。産学連携の場合，大学側がメインの申請者となる可能性もあり，地域外の企業との連携を認めていれば，その地域における製造業の集積はあまり意味をもたなくなるだろう。

7．むすび

近年，「地方創生」の掛け声の下で，地方自治体による独自の地域振興政策の立案と実施が求められているが，地域中小企業等を対象とする研究開発助成事業はそれ以前から多くの地域でさまざまな形で行われている。このように中小企業政策やイノベーション政策の中で地方自治体の役割が重要になっているにも拘わ

表3：研究開発助成事業の実施要因に関する推定結果
（限界効果；下段の斜体は頑健な標準誤差；有意水準 *** 1%、**5%、*10%）

変数	助成事業の有無ダミー		産学連携助成事業の有無ダミー	
	[1]	[2]	[3]	[4]
製造業事業所比率	0.006**	0.006**	0.002	0.002
	0.002	*0.002*	*0.002*	*0.002*
製造業ハイテク事業所比率	0.000	−0.000	0.000	0.000
	0.001	*0.001*	*0.001*	*0.001*
情報サービス業事業所比率	0.035	0.041	−0.006	−0.004
	0.039	*0.039*	*0.026*	*0.026*
専門サービス業事業所比率	−0.028	−0.022	−0.013	−0.011
	0.025	*0.025*	*0.017*	*0.017*
製造業生産性対数	−0.001	−0.005	0.006	0.005
	0.029	*0.029*	*0.018*	*0.018*
製造業大企業数	−0.001**	−0.001**	−0.000	−0.000
	0.000	*0.000*	*0.000*	*0.000*
学術・研究開発機関数	0.001	0.001	0.000	−0.000
	0.001	*0.001*	*0.001*	*0.001*
県内大学数	−0.000	−0.000	0.000	0.000
	0.000	*0.000*	*0.000*	*0.000*
1人当たり行政職員数対数	0.193***	0.182***	0.126***	0.122***
	0.061	*0.061*	*0.043*	*0.043*
商工費比率	0.018***	0.019***	0.009***	0.009***
	0.005	*0.005*	*0.003*	*0.003*
経常収支比率	−0.004**	−0.005**	−0.002*	−0.003**
	0.002	*0.002*	*0.001*	*0.001*
人口対数	0.159***	0.165***	0.100***	0.101***
	0.023	*0.023*	*0.015*	*0.015*
政令指定都市ダミー	−0.106		−0.042	
	0.038		*0.025*	
県庁所在地ダミー		−0.101**		−0.025
		0.030		*0.030*
観測数	773	773	773	773
Wald カイ二乗統計量	91.75***	96.22***	64.61***	67.63***
対数尤度	−298.8	−297.7	−195.6	−195.8
疑似決定係数	0.139	0.142	0.159	0.158

らず，日本でも海外でも，特定の地域や自治体に関する事例研究は多いが，全体の動向を俯瞰し，施策の内容を比較する研究は乏しい。

　本稿は，地域の中小企業等に対する研究開発助成に注目し，全国の都道府県と市区の施策に関する独自の調査に基づいて，地方自治体の取り組みの多様性を明らかにし，県と市区の間に，また市の類型によって，助成金の金額や予算の他にも助成事業の内容にさまざまな違いがあることを示した。また，施策実施の地域要因を計量的に分析し，人口規模や製造業への地域特化の他に積極的な商工行政・健全な財政等が研究開発助成の重要な要因であることを解明した。特に，地方自治体による研究開発助成の有無が地域の実情や地域企業のニーズよりもむしろ行政側の事情に大きく左右されることは，重要な発見のひとつである。前述の通り，現行の施策の内容を「地域企業の現状を考慮して決めた」という自治体が比較的少ないことも，これと関連している。地方自治体は地域の中小企業にとって最も身近な政策主体であるから，自治体の関係部署の職員には，地域企業のニーズに一層精通し，地域の実情に合った政策を立案することが求められる。

　地方自治体による研究開発助成事業の実施の有無だけでなく，その内容や特徴がどのような要因に左右されるかは，今後の研究課題として残されている。また，地方自治体のどのような施策が地域企業・産業に対してどのような効果を挙げているのかを検証することも，今後の重要な研究課題である。そのような定量的な分析を，聞き取り調査等に基づく定性的な研究によって補完することも重要である。今後，さまざまな地域活性化政策の地方分権化が進むと予想される中で，地方自治体による中小企業政策の本格的な研究がさらに発展することが期待される。

〈注〉
1　これは，科学技術政策やイノベーション政策の主体が国から地方自治体へ完全に移行したことを意味するものではない。Kitagawa（2007）が示唆するように，伝統的に中央集権的な政策が実施されてきた日本で地方自治体を含む重層的な政策ガバナンスを構築することは容易ではない。実際，「地方創生」においても，地方自治体の「総合戦略」の内容と方向によって政府から自治体への助成が大きく異なる可能性が指摘されている。
2　中小企業庁委託事業として2013年7月末に開始された「ミラサポ」によって，国（省庁）や地方自治体（関連財団を含む）の補助金など支援施策を検索・比較できる。しかし，これは政策担当者の情報提供に基づくため，掲載情報はすべての自治体や支援

施策を網羅しているわけではなく，また応募情報に重点を置くため，施策関連情報をすべて掲載しているわけではない。さらに応募期間の過ぎた施策情報はいずれ削除されるため，時期によって掲載件数は大きく変動する。
3 調査では現在も実施されている事業の開始年度を尋ねているので，既に廃止された事業を含めた施策の開始年度は不明である。実際，回答者の4割が，現在の事業に先行する関連事業が存在したことを認めている。
4 研究開発支出がプロジェクト終了後に支払われる精算払いでは，プロジェクト期間中の支出を採択企業・グループが立て替えることになる。そのため，期間が長い，あるいは金額の大きいプロジェクトでは企業の負担が大きく，「つなぎ融資」等の措置が求められる。
5 ここでハイテクは，経済産業省「企業活動基本調査」において売上高研究開発費比率が製造業の平均値を上回る業種を指し，ハイテク事業所比率はそのような業種の事業所が製造業事業所全体に占める比率を指す。

〈参考文献〉
1 Cooke, Ph., Uranga, M.G. and Etxebarria, G. (1997). Regional innovation systems: Institutional and organizational dimensions. *Research Policy* 26, pp.475-491.
2 Fernandez-Ribas, A. (2009). Public support to private innovation in multi-level governance systems: An empirical investigation. *Science and Public Policy* 36, pp.457-467.
3 Flanagan, K., Uyarra, E. and Laranja, M. (2011). The 'policy mix' for innovation: Rethinking innovation policy in a multi-level, multi-actor context. *Research Policy* 40, pp.702-713.
4 Kitagawa, F. (2007). The regionalization of science and innovation governance in Japan? *Regional Studies* 41, pp.1099-1114.
5 Lanahan, L. and Feldman, M.P. (2015). Multilevel innovation policy mix: A closer look at state policies that augment the federal SBIR program. *Research Policy* 44, pp.1387-1402.
6 Lanahan, L. (2016). Multilevel public funding for small business innovation: A review of US state SBIR match programs. *Journal of Technology Transfer* 41, pp.220-249.
7 Laranja, M., Uyarra, E. and Flanagan, K. (2008). Policies for science, technology and innovation: Translating rationales into regional policies in a multi-level setting. *Research Policy* 37, pp.823-835.
8 Nishimura, J. and Okamuro, H. (2011a). R&D productivity and the organization of cluster policy: An empirical evaluation of the Industrial Cluster Project in Japan. *Journal of Technology Transfer* 38, pp.117-144.

9 Nishimura, J. and Okamuro, H. (2011b). Subsidy and networking: The effects of direct and indirect support programs of the cluster policy. *Research Policy* 40, pp.714-727.
10 OECD (2011). *Regions and Innovation Policy. OECD Reviews of Regional Innovation.* OECD Publishing.
11 岡室博之（2009年）『技術連携の経済分析』同友館（第2章，第11章）.
12 大久保敏弘・岡崎哲二（2015年）「産業政策と産業集積：『産業クラスター計画』の評価」*RIETI Discussion Paper Series* 15-J-063. 経済産業研究所.
13 Tödling, F. and Trippl, M. (2005). One size fits all? Towards a differentiated regional innovation policy approach. *Research Policy* 34, pp. 1203-1219.
14 田中宏昌・本多哲夫編著（2014年）『地域産業政策の実際』同友館.
15 本多哲夫（2013年）『大都市自治体と中小企業政策』同友館.
16 本多哲夫（2015年）「自治体中小企業政策における政策評価―大阪市のビジネスマッチングを事例として―」『日本中小企業学会論集』第34号，同友館，pp.66〜78.
17 本多哲夫（2016年）「地域社会づくりと自治体中小企業政策―大阪の事例から―」『日本中小企業学会論集』第35号，同友館，pp.16〜28.
18 松原宏編著（2013年）『日本のクラスター政策と地域イノベーション』東京大学出版会.
19 三橋浩志（2013年a）「日本のクラスター政策と地域のポテンシャル」 松原宏編著，前掲書，第3章.
20 三橋浩志（2013年b）「日本における地域イノベーション政策」松原宏編著, 前掲書，第10章.

（査読受理）

自 由 論 題

国内合板工業における階層分化とその要因
― 「寡占と中小企業競争」理論の視点から ―

森林総合研究所　嶋瀬拓也

1　はじめに

　今日の国内普通合板工業[注1]は，2大企業グループによる寡占化が著しい。しかし，中小規模層が消滅したわけでは決してなく，一定数が存続し，今日も合板供給の一翼を担っている。今日の国内合板工業はなぜこのような産業編成となっているのか，それは市場の諸条件に照らして合理的で，この先も安定なのか，また，そう判断しうる根拠は何かという素朴な疑問が本研究の出発点である。

　国内合板工業の産業組織に関する研究は，筆者によるものも含めいくつかあるが，1980年代半ばまでに行われた村嶌由直の研究が最も詳しく，その見方は今日の現状分析にも十分に通用する。そこには，1980年当時の同工業が，事業規模（1事業所当たりの年産額）において，装置産業である紙パルプ製造業と，「家内工業を若干上回る規模」の一般製材業との中間的な位置にあったこと，「別会社組織をと」っているため生産集中度という指標では捕捉できないものの，この頃までに「全国に14の関連会社，工場数22を数え」る企業グループが形成され，「集積・集中を進行させ」ていたこと等が示されている（村嶌，1987，pp.2～3）。しかし，集積・集中の度合いを高めつつあった同工業において，中小規模層がいかなる存立基盤を有したかについての考察はない。従って，その後もさらに集積・集中が進行する一方なのか，それともいずれかの時点で中小規模層が固有の存立基盤を見出し，存続を確かなものにするのかといった点への見通しは得られない。

　中小企業の存立をめぐる研究は，本質論とも関わって，中小企業研究における主要課題の1つである。日本の中小企業研究は，わが国の経済発展の特殊性や，その下で生起した折々の中小企業問題とも関連して，時代性を伴いながら独自の発展をみたとされる。このため，中小企業存立論も，折々の時代背景や，経済学・

中小企業研究の深化に伴って変遷・展開してきた。
　佐竹隆幸の整理によれば，中小企業存立論には，「問題性論としての—」，「適正規模論による—」，「企業間競争・市場構造に基づいた産業組織論による—」，「企業間関係・経営組織に基づいた中小企業経営論による—」，そして「歴史的・文化的なイエ社会を前提とした社会学的」なアプローチがあり，さらに，中小企業経営論の立場から示された「地域活性化の柱となる地域中小企業」としての，あるいは「ベンチャー的戦略行動を実践することによ」る合理的存立の理論がこれに加わった（佐竹，2008，pp.14〜15及びpp.157〜158）。
　本研究はこのうち，「企業間競争・市場構造に基づいた産業組織論による」アプローチ，即ち「寡占と中小企業競争」理論に立脚した。それは第1に，この理論が直接に"寡占体制下における非寡占セクターの存立"を検討対象としているからである。第2に，近年の中小企業存立研究は，経営学的アプローチに軸足を移しつつあるようにみえるが，もし最終的にこの立場を取るとしても，それに先立って経済学的な検討を行った方が，より強固で有意義な結論を導けると考えたからである。
　「寡占と中小企業競争」理論によれば，寡占体は「支配と競争を通じて，非寡占セクターとしての中小企業を分解させ，再編成し，しかも寡占体の成長・蓄積の有力な源泉として，非寡占＝中小企業を直接・間接に利用」（佐藤，1976，pp.1〜2）する。競争的周辺にある中小企業の存立余地は，その状況下に，いわば受け身的に生じるものとされる。
　ところで，寡占と非寡占の関係が現れる態様には，「同一部門内」と「異部門間」の2パターンがある。翻って合板工業の産業組織に目をやると，特定企業グループへの集積・集中という同一部門内の問題が鮮明な一方，「原木をめぐって」生まれた「商社資本の合板資本に対する支配」（村嶌前掲，p.43）の構造もあるとされ，異部門間の問題の存在もうかがえる。従って，冒頭の自らの疑問に答えるためには，少なくともこの両方の視点からの分析が必要と思われたが，一次接近として，まず同一部門内の問題である産業組織の側面から検討することとした。
　以上の背景から，本研究の課題は，①国内合板工業の今日の産業組織を，各層の存立形態や役割に留意しつつ確定すること，②各層の存立がいかなる根拠によってもたらされているかを考察すること—の2点とした。また，課題とするには手に余るが，「寡占と中小企業競争」理論の現実分析への適用という側面を意

識し，その観点から若干の考察を試みた。

　研究方法は以下のとおりとした。まず，各種統計・調査のデータを用いて，国内合板工業のこれまでの展開と現在の姿を量的に示した。次に，日刊木材新聞等の業界紙・誌の記事，聞き取り調査の結果等を適宜利用して，数値やその変化の背後にある意味を考察した。

　なお，聞き取り調査には，本研究のみを目的としたものはほとんどなく，多くは，業界動向把握のための定点観測的なものとして，もしくは林業・木材産業に係る地域研究の一部として行ったものである。1998年3月に行った国内合板メーカー4社に対する概況調査以来，2016年12月までに，国内外16社に対し，のべ約30回実施した。調査の際は，工場立地地域の行政・研究機関等にも可能な限り訪問して周辺情報の収集を行い，結果を利用する際は，他の調査結果や各種統計・資料と照らし合わせる等して，客観性や一般性の担保に努めた。

2　合板市場と合板工業の概要

　わが国の合板工業は，第二次世界大戦後，工場の大型化を伴いつつ，著しい量的発展をみた（図1）。しかし，高度成長期末期から，工場数が減少に転じると

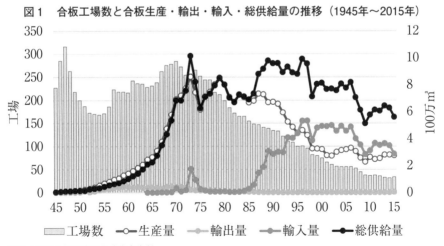

図1　合板工場数と合板生産・輸出・輸入・総供給量の推移（1945年～2015年）

資料：日本合板工業組合連合会資料

ともに生産量も頭打ちとなり，1980年代後半からは，需要の減退と輸入の拡大を受け，生産量も急激に落ち込んだ。しかし，2000年代以降は，工場数の減少傾向はいくぶん弱まり，生産量の縮小にも歯止めがかかっている。

表1　国内合板工業にみられた生産品目の変遷とその背景

時期	生産品目の転換・追加	背景
1960年代後半～	家具・建具用など →型枠用 （薄物・中厚物→厚物）	・南洋材の価格高騰・材質低下 ・労働力不足 ・土木・建設分野の型枠需要増 ・製材品高騰に伴う代替需要
1990年代後半～	型枠用12mm →構造用12mm （熱帯産広葉樹→針葉樹）	・南洋材産地国丸太輸出規制・製品輸出促進 ・上記に伴う針葉樹への原料転換 ・　〃　　型枠用・内装用の輸入増 ・住宅構造用としての需要の高まり
2000年代～	構造用12mm ＋構造用24・28mm ("超"厚物化)	・ロシアの丸太輸出税引き上げ ・上記に伴う国産針葉樹への原料転換 ・産官学共同による販促キャンペーン
2010年代～	構造用 ＋型枠用・フロア台板用 （脱構造用の模索）	・価格乱高下・減産による疲弊感 ・輸入型枠・フロア台板の競争力低下

森島（1973）、嶋瀬（2007）などを参考に筆者作成

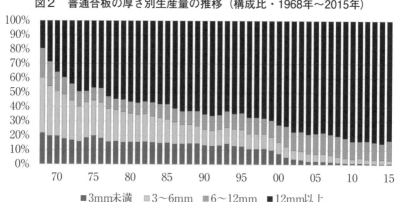

図2　普通合板の厚さ別生産量の推移（構成比・1968年～2015年）

（注）1996年以前は統計値が面積（㎡）単位のため、推定厚さを乗じて体積（㎥）に換算のうえ、構成比を算出した。
資料：日本合板工業組合連合会資料

生産の内容にも大きな変化が生じた（表1）。まず，厚さ別には，薄物や中厚物の比率が一貫して低下し，厚物の比率が高まった（図2）。今日では，12mm以上が8割以上を占めている。この流れを牽引したのは，1960年代半ばから1990年代初めにかけてはコンクリート型枠用，1990年代半ばからは構造用で（図3），

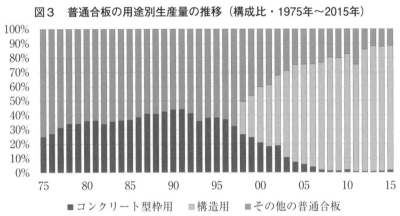

図3　普通合板の用途別生産量の推移（構成比・1975年〜2015年）

（注）「構造用」は1997年まで「その他の普通合板」に含まれる。
資料：日本合板工業組合連合会資料

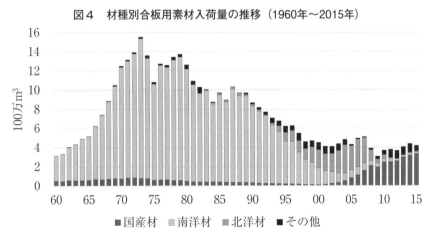

図4　材種別合板用素材入荷量の推移（1960年〜2015年）

（注）ラワン材以外の南洋材は，1982年まで「その他」に含まれる。
資料：木材需給報告書

2000年代半ば以降は，24mm・28mm厚構造用が拡大している。さらに，2010年代以降，針葉樹構造用合板を主力としてきたメーカーの間で，国産針葉樹を用いた型枠用や内装用の製品開発が活発化している。

生産内容の変化は，折々の情勢，特に原木事情と密接に関わっている。合板用素材（原木）は，戦後これまで，ラワン類（熱帯産広葉樹）を中心とする「南洋材」→ロシアカラマツ（針葉樹）を中心とする「北洋材」→スギ・カラマツ（ともに針葉樹）を中心とする国産材と推移してきた（図4）。一口に南洋材といっても，資源劣化や産地国の丸太輸出規制等によって供給地・内容に変化があり，型枠用を中心とする厚物へのシフトを惹起した（森島，1973，p.29）。また，1980年代の南洋材産地諸国による丸太輸出規制の拡大は，針葉樹への原料転換とそれに伴う構造用へのシフトを引き起こした（嶋瀬，2007，p.399）。結果，今日では，針葉樹を主とする国産合板は構造用，熱帯産広葉樹を主とする輸入合板は型枠用及び内装用という棲み分け構造が鮮明である。

3　合板工業の産業組織

3.1　産業組織の現状

農林水産省統計部「木材統計」によると，2015年に普通合板を生産した工場の数は34工場である。他方，日本合板検査会「JAS認定工場名簿」によると，2016年3月31日現在の国内JAS認定合板工場の数は44工場（34社）である。このように，両資料の数値には若干の開きがあるが，ここでは，①企業名や工場名が特定可能なJAS認定工場名簿を用いて企業グループ毎に再集計した後，②日刊木材新聞の記事や聞き取り調査結果等，複数の情報を総合し，2014年における各社のシェア（生産量ベース）と，規模階層毎の生産内容を整理した（表2）。

まず，最大手のSグループ（11社16工場），2番手のNグループ（3社6工場）からなる「2大グループ」があり，それぞれ49%，20%，計69%のシェアを有する。これを寡占核とする。次いで，H社（1社2工場）・I社（1社1工場）・M（1社1工場）からなる「準大手」で，それぞれ11%，7%，6%，計24%を占める。これに「中規模層」と「小規模層」が続く。

規模階層毎に，生産内容が異なる。2大グループと準大手は，今日の国産合板の主流である針葉樹構造用合板，特に近年は国産材針葉樹構造用合板に集中して

表2　国内合板工業の産業組織（2014年）

規模階層 （シェア）	企業数 （工場数）	主力品目	存立形態・役割
2大グループ （69％）	14社（22工場）	針葉樹構造用 （"脱構造用"を模索中）	業界の大きな流れを形成 （寡占核）
準大手 （24％）	4社（5工場）	〃	先行者
中規模層 （6％）	3社（3工場）	熱帯産広葉樹内装用など	輸入品中心の分野における 小口・特殊用途への対応
小規模層 （2％）	8社（9工場）	広葉樹特殊用途向け	小口・特殊用途への対応

（注）不明の5社（5工場）をあわせ、総数は34社（44工場）である。
JAS認定工場名簿などを参考に筆者作成

いる。中規模層は，南洋材を主原料に，構造用・内装用（フロア台板を含む）・足場板等を生産する。北海道に立地が集中する小規模層は，利用樹種・生産品目とも多様で，国内外産のシナノキ類・ブナ・カンバ類・ハードメープル・ブラックウォールナット等，主に広葉樹を用い，内装・家具用のほか，工芸品・抜型・音響製品（スピーカー）・遊技機（パチンコ台）用台板・卓球台の天板用コア材等，特殊用途向けの製品を生産する。このように，中・小規模層はそれぞれ，2大グループや準大手とは直接競合しない分野に存立の場を見出している。

3.2　階層分化の要因

「2大グループ・準大手」と「中規模層」が，それぞれこのような存立形態を持つようになった，即ち両者の間に規模階層の分化が生じた要因は，1990年代半ばから2000年代半ばにかけて進展した，南洋材（熱帯産広葉樹）から北洋材（針葉樹）への原料転換に見出すことができる。

合板用素材入荷量において北洋材が南洋材を逆転した2000年に，日刊木材新聞社が実施したアンケート調査（回答41工場。ただし，1回答のみ1社2工場の計）の結果から，工場毎の生産量と「針葉樹比率」（丸太消費量に占める針葉樹の比率）とを比較すると（図5），少なくともこの時点で，相対的に生産量が大きな工場で針葉樹の導入が進み，小さな工場で進んでいなかったことが分かる。また，導入済みの中で最小の工場は月産2,900㎥，未導入の中で最大の工場は同8,800㎥で，

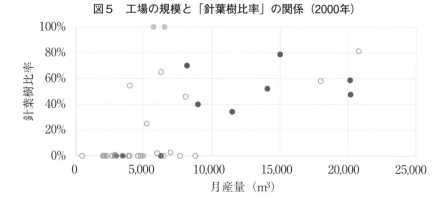

図5 工場の規模と「針葉樹比率」の関係（2000年）

●Sグループ　●Nグループ　○その他

（注）原料に他工場生産の単板のみを用い、丸太を用いていない工場を除いた。
資料：「木材建材ウイクリー」2000年5月22日付（No.1302）

その間については企業・工場毎に対応が分かれた[注2]。

　このような行動の違いが生じた理由を，1998年3月に筆者が行った聞き取り調査の結果にうかがうことができる。まず，当時既に50%の原料転換を終えていたA社（月産13,600㎥＝原木消費量から推定）では，原木の材質・形状の違いのため技術・製品の開発，設備投資，販路開拓に追われているとしつつ，「この投資をするかどうかで選別がかかる。いま国内に80ある合板工場は，10年後には半分の40になっているだろう」[注3]として，存続のために必要な取り組みであるとの認識を示していた。他方，この時点で原料転換を見送る決定をしていたB社（月産1,600㎥＝同上）では，「針葉樹ラインを作るためにはロータリーレースだけでも5億円かかる。それでも業界では数年前から導入が進んだが，結果は針葉樹合板の乱売だ。うちは規模が小さいので，ラワン丸太もその量なら何とか調達可能とみており，手に入るうちは家具・木工用等の高付加価値分野で多品種少量の受注生産を続け，手に入らなくなったら畳むつもりだ」としていた。

　針葉樹への転換とその後の存否の関連性を示唆するデータはほかにもある。先に引いた日刊木材新聞社の調査（2000年）によれば，2大グループを除く25工場のうち，針葉樹丸太導入済みは9工場，未導入は16工場だが，「JAS認定工場名簿」等で追跡したところ，導入済み9工場のうち7工場は2016年3月31日時点で

存続（ただし，うち3工場は2大グループのいずれかに吸収・合併）しているのに対し，未導入16工場のうち存続は2工場のみであった。しかも，未導入のうち規模が大きな方から2つの工場（8,800㎥，7,700㎥）がその後消滅した一方，導入済み工場のうち規模が小さな方から2つの工場（2,900㎥，4,000㎥）は今日も存続する等，必ずしも規模に対して直線的な関係にはなっていない。

　このように，「2大グループ・準大手」と「中規模層」とを分化させ，中規模層の存否を分けた要因として，原料転換に対する姿勢の違いがある。今日の中規模層が残存者利益を得て存続しうる状況にあるのかは確認できていないが，少なくとも2大グループや準大手との直接の競合は既にないといえる。

　小規模層についても簡単に触れておきたい。北海道に集中する同層は，その多くが，大正期から戦後復興期にかけて，同地の森林資源を利用すべく立地を求めた経緯があり，そのころ既に外材への傾斜を強めていた本州以南の合板メーカーとは早くから展開を分けた。例えば，国内合板工業の素材入荷量に占める国産材比率が戦後最低の2.6%にまで落ち込んだ2000年，北海道の合板工場のそれは37.9%で，国内合板工場の国産材素材入荷量の87.0%を占めた。原木・製品ともに内容が全く異なるため，中規模層以上と競合することは早い段階でなくなっていたといえる。近年，多くの樹種から多様な製品を生み出してきた経験を生かし，新製品開発の動きを活発化させているが，詳細は別の機会に譲りたい。

　以上のように，小規模層は早い段階で，また，中規模層は1990年代半ば以降，2大グループ・準大手の原料転換に追従しないという形で，それぞれ「寡占＝大企業と競合しない分野を目指した」（佐竹前掲，p.118）。

4　準大手の存在状況と存立根拠

4.1　準大手を設定する根拠

　それぞれ11%，7%，6%と小さいとはいえないシェアを持ち，2大グループと生産内容をともにする3社を，あえて「準大手」とし，2大グループとは異なる規模階層としたのは，以下の理由による。

　第1に，規模拡大戦略の違いである。2000年と2014年とを比較すると，2大グループと準大手のいずれも規模を拡大させているが，前者には他社の吸収・合併が伴っているのに対し，後者にはそれがなく，自社工場への設備投資のみによっ

て達成されている。即ち,前者には明らかにシェア拡大の意図がみえるのに対し,後者には量産効果追求以上の動機が見出せない。言い換えれば,他社のシェアを「封じ込め」ようとする意図が,2大グループのように明白ではないのである。

第2に,寡占体制下における競争的周辺企業が,その非効率性故に存立の根拠を与えられるという「寡占と中小企業競争」理論の指摘である。準大手3社4工場のうち,少なくとも2社2工場については,その時点で最新鋭の加工施設・設備を導入する等,生産効率を追求していた。合板製造技術を専門とする林産学研究者の1人は,準大手の1社を「この種の工場として技術的に国内最高レベル」[注4]にあるとしている。しかし,まだ準大手と中規模層が分化の途上にあった2000年のデータではあるが,各工場の「従業員1人当たり生産量」をみると(図6),2大グループと比べ,その他の工場の数値は明らかに低い。聞き取り調査での回答にも,2大グループとの生産効率の違いに関する認識がうかがえる。例えば,やはり古い1998年の調査結果であるが,前出A社は,「値段で勝てないので,特寸(特殊サイズの製品)が多く,注文生産の割合が高い(針葉樹)構造用合板に商機をみている」[注5]としていた。また,準大手の1社は,2000年前後から各社が国産針葉樹材の導入を活発化させる中,地元自治体の再三の要請にも関わらず,導入に慎重であったが,要請側の話によれば,その理由は,「大手が軒

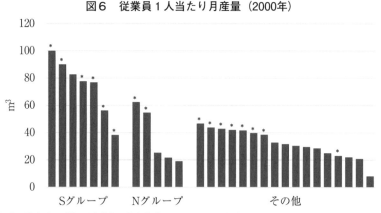

図6　従業員1人当たり月産量(2000年)

(注1) 他工場生産の単板の消費量が丸太換算で20%以上の工場を除いた。
(注2) 「*」印を付したのは,針葉樹導入済み工場。
資料:「木材建材ウイクリー」2000年5月22日付(No.1302)

並みスギへの転換を図る中，当社が全く同じ原木で全く同じものを作ることには抵抗がある」[注6]というものであったという。

このように，準大手の存立には，非効率性故に存立の根拠を与えられているという側面が否定できない。しかし反面，この要因だけで準大手の存立を説明することにも無理があるように思われた。そこで次に，準大手自身による存続のための企業行動として，その製品戦略を検討し，この点を掘り下げてみたい。

4.2 準大手の製品戦略

準大手の製品戦略上の際立った特徴は，先行者としての性格である。

例えばH社は，1967年に国内初の型枠合板専門工場を建設したほか，1982年には，やはり国内初となる針葉樹合板専門工場を建設している。既に述べたとおり，国内合板工業にとって戦後最大のインパクトは，1980年代以降の南洋材産地諸国における丸太輸出規制・製品輸出促進への政策転換と，それに伴う針葉樹への原料転換であったが，業界団体である日本合板工業組合連合会が国内業界の対応方針として「合板原料の転換に関する基本方針」（1991年5月策定）を取りまとめるはるか以前に，これを先取りする工場が完成していたことになる。

I社も，早い段階でこれに追従した。「針葉樹構造用合板のテストは1983年から開始した。インドネシアの丸太輸出禁止（1985年実施のため，当時は未実施）に対する危機感からだった。1987年に量産を開始し，1988年には針葉樹構造用のJAS（日本農林規格）を取得した。これは針葉樹合板に20年のキャリアがあるH社に次いで国内2番め」[注7]だとしていた。

M社は，1990年代末まで，シナ合板を主力とする「小規模層」的なメーカーであったが，「原木調達への不安から1998年に（国産）針葉樹工場の建設を決め，2000年に操業を開始」[注8]した。当時，国産材素材の大量安定供給は極めて困難とされ，その利用を前提とする大型合板工場の建設は国内初であった。さらに，国内業界が針葉樹構造用合板への傾斜を強める中，内装用への（再）進出を2010年に表明したが，これは業界に先駆けたものであった。

このように，準大手各社には，先にみた生産効率化の取り組みとともに，リスクを取って先行者利益を得ようとする姿勢が見て取れる。

5　おわりに

　①今日の国内合板工業の産業組織が，「2大グループ」「準大手」「中規模層」「小規模層」の各層からなり，それぞれに生産内容上の特徴がみられること，②「2大グループ・準大手」と「中規模層」の階層分化を促すとともに，中規模層の存否を分けた要因が，1990年代半ば以降の原料転換における各社の行動の違いに求められること，③2大グループと生産内容をともにする準大手には，寡占セクターによって温存されているという側面が否定できないものの，企業努力によって存続を確かなものにしようとする行動がみられること──の各点を明らかにした。「寡占と中小企業競争」理論が指摘する"寡占セクターによる温存"という中小企業の存立根拠は，少なくともそれだけでは不十分であり，もしくは不十分との認識から，準大手は，リスクを取って先行者となり，設備投資による効率化を図る等して，これを補おうとしてきたとみることができる。

　ところで佐藤は，「同一部門内の寡占と非寡占」の事例として取り上げた1970年代の国内製粉業について，「原麦の統制（量・価格）による小麦粉価格のコントロールという特殊要因は無視でき」ず，「このような特殊要因のない産業で，しかも核と周辺が密接な協調関係にあるばあいは，周辺をふくみながらもより強固な寡占産業としてあらわれるであろう」とする（佐藤前掲，pp.89〜90）。その意味では，今日の国内合板工業のほうが，「寡占と中小企業競争」理論の実証により相応しいといえるだろう。反面，本研究では同工業の「同一部門内の寡占と非寡占」の側面のみを検討したが，合板メーカーの原木調達・製品販売には，それらよりはるかに企業規模が大きい商社・問屋が介在することが多い。このことは，「異部門間の寡占と非寡占」，即ち下請問題を惹起し，問題の構造をより複雑にする。このように，「寡占と中小企業競争」理論は国内合板工業の分析に有用であり，逆に，国内合板工業の分析は同理論の実証として有用であるが，産業の多様性や現実の複雑性を考えると，同理論の深化には多くの産業を対象とする実証研究の積み重ねが不可欠といえる。

　最後に，本稿が拙いながら何とか完成をみたのは，北海道支部会の諸先生，予定討論者であられた関西学院大学大熊省三先生，そして査読委員の2先生によるご指導があったからである。ここに深謝の意を表したい。中でも多くのご助言と励ましの言葉を掛けて下さった北海道大学徳井美智代先生が，2016年10月に逝去

された。ご冥福を心よりお祈りするとともに，この論文を先生に献じたい。

〈注〉
1　合板には，表面加工を施さない「普通合板」と，表面加工を施した「特殊合板」がある。本稿では普通合板のみを検討対象とし，これを単に「合板」と呼ぶ。
2　なお，2大グループについてみると，Sグループでは規模が小さい3工場だけが未導入であった。また，Nグループは，5工場のうち，「100％」の工場が2工場，「0％」の工場が3工場となっているが，これは，同グループが，針葉樹への原料転換に際して工場を新設し，新設工場は針葉樹，既存工場は南洋材としていたためである。
3　1998年3月調査。
4　2016年7月調査。
5　1998年3月調査。
6　2016年10月調査。
7　1998年3月調査。
8　2003年2月調査。

〈参考文献〉
1　村嶌由直（1987年）『木材産業の経済学』日本林業調査会
2　「事業調査課・森島」名（1973年3月）「合板工業の現状と課題」『中小企業金融公庫月報』第20巻第3号，pp.29～44
3　日刊木材新聞社編・発行（2015年）『国産材名鑑』
4　佐竹隆幸（2008年）『中小企業存立論』ミネルヴァ書房
5　佐藤芳雄（1976年）『寡占体制と中小企業』慶應義塾大学商学会
6　嶋瀬拓也（2007年9月）「国内合板工業における国産材利用の拡大とその背景」『木材工業』第62巻第9号，pp.398～403
7　㈶中小企業総合研究機構編（2013年）『日本の中小企業研究 2000-2009 第1巻　成果と課題』同友館（特に，三井逸友「理論・本質論的研究」pp.3～26）

（査読受理）

地域活性化時代の協同組合組織の実態
―組合の枠を超えた利益追求の実状―

明治大学大学院　竜　浩一

1．はじめに〜地域活性化の時代と連携組織に関する議論〜

　本論は，中小企業協同組合組織が時代の変遷に伴って組織の目的を変化させ，新たな共同事業の創造と展開を通じて，改めてその経済的，学術的価値を創出している事実を実証するものである。

　中小企業の連携において現状中小企業者の加盟している連携団体で最も数が多い組織が，協同組合である（全国中小企業団体中央会2015）。

　ところが，近年ではNPO法人や任意団体をはじめとした『緩やかな連携』と呼ばれる集団化の連携活動が，今後の中小企業の採るべき戦略として議論の中心となっている（池田2006，関2006）。また，農商工連携制度や六次産業化など，様々な形式において中小企業の連携が議論されるようになった（伊藤と土屋2009）。そのため，協同組合に限らず，連携活動の目的自体が徐々に，参加企業の経営革新を目指したものから，地域の活性化といった広範な目的へと変化してきた。

　結果，組合員企業の補助が主目的と考えられている協同組合は（中川と杉本2014，百瀬2003），中小企業の連携に関した議論において，その地位を低下させている。

　しかし，実際に近年の協同組合が行う事業活動は，当該組合が立地する地域や関連する産業などを対象とした外部に向けたものが増加している。単なる経済的な共同事業ではなく，地域における社会的課題の解決を目指した地域経済へ効果的な連携活動が行われるようになったのである。

　このように，これまでの協同組合からどのように変化したかの詳細は，今後の協同組合の生き残り戦略，ひいては組合員企業，関係者の生き残り戦略につながっていく。この手法を分析し，更なる協同組合研究の発展に繋げるのが，本研

究の主目的である。

2．『緩やかな連携』の登場と衰退

　中小企業の連携において，任意団体が法人組織の協同組合に加えて登場したのは1990年代中頃の動きといえる。1988年の融合化法に合わせて増加した異業種交流連携の構築を目指して，企業の集まりやすさ，フットワークの軽さなどがより中小企業に適しているとして，任意団体やNPO法人を中心とした活動が活発化したのである。この当時の動きとしては，中小企業の連携は協同組合という法人格の組織化を事業化達成時に果たすことを目標に，連携の初期段階で任意団体が中心に活動するというものであった（森下1999）。
　その後，中小企業に対する支援政策が企業の自助努力による発展をより強めていく中で，任意団体自体を連携の主体とする『緩やかな連携』という考えが登場した（池田，関2006）。任意団体の在り方が再定義されたこうした動きは，既存の協同組合における，共益を意識するあまり積極的に新しい経済的事業を展開できない，という弱みを打開する新しい試みとして期待されていた。近年の中小企業の開業数の減少や廃業・倒産の増加に伴って，協同組合自体が大きく数を減らしている事実も，この論調を後押ししているかに思える（商工総合研究所2011）。
　ところが，これらの緩やかな連携もまた，近年では事業の推進力を失っている。東京都内のみに限定されるが，東京都中小企業団体中央会（2014）が任意団体に関する実態調査を行っている。この調査によれば，組織設立からの経過年数は，30年以上の任意団体が47.5％と半数近くを占め，次いで5年未満が28.2％，20～30年が11.6％となり，比較的長期間に渡ってグループ交流活動が行なわれてきたといえる。
　しかし，会員数の増減をみると，2014年からの過去3年間で会員が増加した団体は9％に留まり，47.7％が増減なし，43.4％が減少であった。また，事業内容も，「情報交換」20％，「情報収集・提供」17.7％，「講習会・研修会の開催」14.5％といった情報交流・提供事業が中心で，任意団体に期待される新規事業や開発に関連した事業は，「調査・研究」6.8％，「共同開発」3.3％，「市場開拓」3.3％と低調であった。
　さらに，任意団体が抱えている課題として，「新規加入会員の不足」18.4％，「会

員の減少」16.5％,「会員の高齢化」13.3％と，人材に関連した課題が最も多い。また,「事業のマンネリ化」も13.3％あり，任意団体のメリットであった連携事業の高速化が必ずしも実践されていない状況もある。

　最後に，任意団体のデメリットとしては,「責任の所在が不明」23.4％,「国や自治体からの支援を受けにくい」16.3％,「資金調達・融資が困難」19.2％など，法人格が無いという特徴が逆に連携事業の推進を阻害している実態がある。

　事業がうまく継続しない要因として，寺石（2009）は地域活性化活動を事例に，モチベーションの欠如，政府機関への依存体質，組織力の欠如，計画性の欠如，地域内のみで活動の発展を意識する視野の狭さといった5つを上げている。これらの失敗要因は，中小企業の連携でも多く見受けられる（関2011）。

　前述した任意団体へのアンケート結果と照らし合わせると，組織の目的や事業内容によって左右されない，共通の課題は①モチベーションの欠如や，②組織力の欠如の二点といえる。政府への依存体質や計画性の欠如は，任意団体に限った問題ではないし，地域内でのみ活動の発展を意識するという点も，事業目的によってはむしろ必要である。いずれにせよ，上記二つの根本的な問題が解決されない限り，そもそも連携活動は成り立たないといえる。

　次に，こうした緩やかな連携に対して，いまだ中小企業の連携において無視できない協同組合に訪れた，組織目的と事業の転換にフォーカスしていく。

3．協同組合の特徴と歴史的変遷

　現在の中小企業組合については，全国中小企業団体中央会（2015）がまとめた協同組合ガイドブックに，各組織の種別と特徴が記されている。これをもとに，本論で取り上げる内容に合わせて，中小企業組合と緩やかな連携に関する特徴を先行研究の情報も交えて編集しなおしてみる（図1参照）。

　協同組合が緩やかな連携と決定的に違う点は，法人格組織を持つか，活動の内容が長期的目標と短期的利潤のどちらに基づくかの二点である。法人組織における連携活動の進捗の遅さがあったからこそ，緩やかな連携が登場したのであるが，近年ではその影響力が低下しているのは2章で述べたとおりである。また，短期的利潤の追求は，どちらの組織でも事業目的によって持ちうるが，長期的な目標は，どちらかといえば集団の性格上，協同組合の特徴として当てはまる。

図1　中小企業の連携に関する特徴

	設立目的	一般的事業内容	組織の特徴
一般的な中小企業組合	中小企業など経済的弱者の安定を求めて設立（百瀬2000）。 後に新分野進出，経営革新が目的に追加（全国中小企業団体中央会2015）。 組合員の長期事業安定化，組合員活性化の波及効果としての産業への利益還元。 法人組織を持つことから，政策や支援の受け皿としての役割も保有しているが，近年は以前ほど中核的ではない。	共同購買，同業・異業種での情報共有，研究会，勉強会など。 直接的な組合員の経済事業に影響が及ぶ活動は少ない。	**中小企業等協同組合法に基づく法人格組織**（百瀬2003）。 加入脱退が自由で，自助の精神に基づく組織運営。例えば，定款などの自作制度。 組合員の一人一票制度に基づく方針の決定。 **事業の内容は組合員企業への間接的利益還元を前提に決まる。**
緩やかな連携	経営革新を主軸にした企業集団の集まり。 このため，法人組織化しない任意団体や，NPO法人という形態が多い。 参加組合の経済的利潤の追求。 短期的な結果を求めた中心事業が多く，目的達成後は解散するケースが多い。 これら任意団体への支援も考慮するため，**施策の方針も切り替えられている。**	新技術や製品の開発，新規販路開拓，新分野進出など，具体的な経済事業を推進。 同時に，交流会による情報共有なども実践。	特定の法的組織を保有しないケースが多い。 運営資金などは各社が相談などでとり決める。 より自由かつ，フットワークの軽い活動の実践。 長期的な発展ではなく，**一つの事業や目的に合わせた柔軟な集団化が強み。**

注：全国中小企業団体中央会（2015年）『中小企業組合ガイドブック』全国中小企業団体中央会．を中心に作成．

　これらの特徴を持つ二種類の連携を選択する上で，緩やかな連携が台頭してきた理由は，協同組合組織と中小企業支援政策の歴史を紐解くとよくわかる。

　日本における協同組合の歴史は，中川（2014）や小磯（2015）がまとめているヨーロッパの協同組合組織の歴史的変遷に類似している。すなわち，1873年ごろに貨幣経済へと移行した段階で生活協同組合が設立され，98年に重工業の振興に伴って労働者協同組合が設立，1900年には産業組合法によって協同組合組織に免税や経営管理者の任命，監督権といった，通常の企業組織に近い法的権利が与えられた（バーチャル1999），というものである。こうした歴史から，現在の協同組合は企業同士の連携体でありつつ，法人組織の性格も保有している。そのため，山本（2003）は協同組合を企業法人と公的法人の間に位置するとしている。

　協同組合の中でも，特に中小企業組合の歴史については，三浦（2014）が1980～2000年代までの展開や学術研究を体系的にまとめている（図2参照）。

　特徴的なのは，2000年代以降は学術研究以外で，協同組合に対する積極的な支援や中心とした施策が意識されていない点である。緩やかな連携が台頭し始めたのも2000年代であり，社会的に協同組合への意識が低下していたといえる。

　政策的背景に関しては，2000年代以降とそれ以前では，特定の連携組織に対しての支援から，経営革新支援法をはじめとした，新規事業の創出を目指す支援が主軸となっていったことがわかる。すなわち，活動を行う組織を対象に一律的な支援が行われるのではなく，組織や集団から提出された事業内容を吟味し，成功確率の高い事業に対する支援が行われる形に，政策が変遷していったのである。

図2　中小企業協同組合の歴史的変遷

	推進された活動・学術研究	政策的背景	時代背景
1980年代	情報、研究開発、人材育成などのソフト事業の推進。同業種中心だった協同組合に異業種のものが増加した。	1986年　新事業転換法 1986年　特定地域中小企業対策臨時措置法 1988年　融合化法	海外輸出型から内需型の取引へと転換が求められていた。 これに伴い、政策は中小企業自身が道を切り開く補助をする方針に転換。異業種交流という形がこの時期から登場する。
1990年代	協同組織を利用した情報資源の共有がより重要視（宮下1999）される。また、1999年の法律改正により、協同組合から会社組織への転換が許可された。	1995年　中小企業創造活動促進法（融合化法から改正） 1997年　中小企業等協同組合法の改正 1999年　中小企業団体の組織に関する法律の改正	バブル経済の崩壊に伴う景気低迷と円高が発生。 産業の空洞化が懸念される中、既存産業分野の安定化のみならず、新分野産業の開拓が求められる。
2000年代	百瀬（2000）等により、協同組合の運営上の課題と克服策が提案される。 さらに百瀬（2003）では、協同組合が、組合員企業のコア・コンピタンス創出に活動を変化させたことが記述される。 山本（2003）では、基本的機能と中核的機能について取りまとめられる。	1999年　中小企業基本法改正 1999年　中小企業経営革新支援法、のちに中小企業新事業活動促進法に変化（2005年） 1999年　中小企業地域資源活用促進法 2008年　農商工連携施行 2013年　中小企業基本法再改正（商工組合中央金庫2016）	経済の成熟化に伴う企業規模間格差の縮小。中小企業は弱者ではなく、特徴を持った存在という認識が本格化。1999年に中小企業基本法が改正され、独立した中小企業の自主的努力助長が目指される。 企業廃業率が開業率を上回り、企業数も減少。

注：三浦一洋（2014年）「中小企業協同組合研究」『協同組合研究の成果と課題』家の光協会．を中心に作成。

　ところが，こうした支援政策の整備にもかかわらず，緩やかな連携はその力を落としている。そこには，前述した事業失敗の二つの根本的要因以外に，中小企業の連携が持つ役割の変化も理由となる。つまり，中小企業が連携するのは，かつてのように不足しがちな経営資源を補うことだけでなく（稲川1971），社会的な利潤を中小企業集団がもたらすためという目的に変化したのである。

　事実，近年では，地域経済の活性化という役割が中小企業により強く要求されるようになり（森川2013），法改正でも同様の風潮がみられる（商工組合中央金庫2016）。伊藤と土屋（2009）や大西（2016）が主張する連携による地域活性化活動が，それまでの企業自身の利潤追求を目指した連携よりも議論されるようになったのである。さらに，地域活性化自体も，企業組織や行政だけではないより広範囲な主体の参画が求められている（中西2011）。

　こうした変化は，まさしく図1で見た緩やかな連携の特徴に反している。地域の活性化は，一つの企業が利潤追求を目的に活動しても容易には達成できない。そこには，長期的な展望と計画性，安定した組織運営が必要となる（家森・冨村・高久2014）。

　一方で，協同組合に対する研究の内容を細かく分析していくと，山本（2003）は中小企業が組織化に求める目的の変化にいち早く気づき，協同組合に対する法制度の改定が必要と主張している。百瀬（2003）も，協同組合が既存の理論から

その組織形態や主軸となる活動を時代に合わせて変化させていく必要があるとしていた。本論の4章，5章で取り上げていく事例は，実際の協同組合が，学術的に主張されたように時代に合わせて変化している事実を実証するものである。すなわち，これまでの組合内利益のみを追及する事業でなく，協同組合が関連する集団，地域，産業に対して利潤のある活動が拡大してきたのである。

4．地域活性化時代到来に伴う新しい協同組合

4．1　社会的協同組合の考え方

実際には，公共の利潤を追求する協同組合は新しいものではなく，1970年代から社会的協同組合がイタリアで発展してきた（イァーネス 2014）。当初の社会的協同組合は現在の組合論でいう相互扶助性がないとされ，協同組合としては認識されなかった経緯を持つ。結果的に，91年にはイタリアで専用の法律が施行され，社会的協同組合は自立的な各種経済事業，社会救済事業を行える組織となった。この時点で，中川と杉本（2014）が提唱したマルチ・ステイクホルダー的な連携組織の考え方が，法的組織として成立したことになる。すなわち，組合という組織を利用して，社会的な問題の解決，社会全体の様々な人の補助を行う動きが始まったのである。

社会的協同組合はA型とB型の二種類に分類され，A型が福祉や教育の補助事業を行う一方で，B型は社会的弱者の雇用確保を目的とし，事業内容とその産業も組織ごとに異なる。また，どちらの型においても，組織内の利益は追及されず，組合員への報酬も最低限となっている（協同総合研究所2011）。

日本においては，こうした社会的協同組合に関する法的制度はなく，現行する組織形態で最も近いものは，各種福祉事業などを行っているNPO法人といえる。だが，確かな法的組織を保有し，長期的に活動できる連携体である協同組合も，こうした活動を近年行っている。そこで，現行の組合事例の中から，社会的協同組合の考え方を保有したものを取り上げていく。

4．2　時代背景に沿った協同組合事業の拡大[注1]

時代背景に沿った協同組合事業の事例として，平戸瀬戸市場協同組合は，農林漁業者，食品製造業者によって2013年に新設された組合である。当組合の目的は，

長崎県平戸市内の特産物を新設した直販所とオンラインの双方で販売し，雇用確保や地域ブランドの創出による地域経済の活性化である。組合設立以前の当該地域には特産物の販売網が無く，地域は閑散としていた。そこで，2012年に市役所が地域の整備事業の一環として当該地区に販売所，荷捌き所を設立することを決定した際，現組合員が任意組織として市場管理者に応募，採択され，平戸瀬戸市場の開設に至った。その後1年で，長期的な事業安定化のために協同組合として法人化し，現在も継続した活動が行われている。

また，1998年に設立された協同組合福井ショッピングモールでも，新しい連携事業としてバス路線の新設と管理が行われている。この組合は，ショッピングモールを中心に県下最大の商業施設の運営を行っていた。しかし，地域内の公共バス路線が福井市東部に偏り，学生や高齢者など交通の便が悪い客層が利用できない地域の問題を保有していた。そこで，地域内のバス事業者と連携し，市街地から教育機関地域を通り，組合が運営する商業施設までの路線を新設したのである。

一方，製造業では，産業の活性化を目指した取組が実践されている。岐阜県金型工業組合は，1970年から運営されている協同組合である。近年，当組合では地元工業高校生の金型産業への雇用促進を意識して，専門の技術講座を開設している。また，この教育事業に付随して，県下11の工業高校生を対象とした金型コンテストも開催している。この高校生を対象としたコンテストは日本初の試みであり，産学官連携の新しい形となった。これらの事業を通じて，実際に県内の中小金型事業者への高卒者の就職が円滑に進んでいる。

さらに，新規産業の開拓による地域活性化においても，協同組合の存在は重要なものとなっている。矢田部（2015）によれば，三重県松坂市では航空機産業の活性化を目指して，航空機部品生産協同組合が設立され，地域内の中小企業の航空機産業への進出を後押ししている。これにより，中小企業一社単独では達成できない各種品質基準認定などを取得し，市内の産業活性化につながっている。

これらの新しい事業を推進している協同組合は，連携における課題点を克服しているといえる。すなわち，単純な利益追求でマンネリ化していた連携事業に，より公益的な発想をもたらすことで，モチベーションの向上につなげている。また，協同組合として各種事業を行うことで，法的組織の安定した活動を継続する強みや，組織外との連携，取引といった具体的行動をとりやすくしている点も特筆すべきである。

以上の点から，本論で主張する新しい協同組合の特徴をまとめる（図3参照）。

図3　新しい中小企業協同組合の特徴

	設立目的	事業内容	組織の特徴
社会的協同組合A型	医療・教育といった，公共的な社会問題の解決を目的に設立。**設立者は企業法人に限らない。**	各組織が主目的とした事業内容。福祉関係のものが中心。	通常の協同組合とは違い，組織内の相互扶助ではなく，組織を中核とした社会的な補助が中心である。
社会的協同組合B型	障碍者など，社会的弱者の雇用促進を目的に設立。こちらも，設立者は企業法人に限らない。	社会的弱者の雇用を促進するため組織ごとに産業は違うが，上記A型とは違い，農業，商業，工業と幅広い。	社会的弱者の報酬に対する社会的負担は，組織ではなく行政が行う。また，A型と共に組合員は多用な存在で成り立っている。
新しい中小企業協同組合	中小企業が**在籍する地域，産業の活性化**を長期的な目標とする。既に設立されている組合の場合，新規事業の目的がこれまでから変化する。	参画する組合員企業に関連した事業，すなわち**各分野の専門的な事業であることが多い**。また，組合員企業への利益還元は，**それぞれの事業内容に関連したもの**である。	中小企業組合という原則から，組合員への間接的な利益還元は事業の前提となっている。また，企業間連携であることから，地域以外の組合の外との繋がりもまた，法人組織であることが多い。

注：本文，及び協同総合研究所（2011）『イタリアの社会的協同組合の歴史と概要』協働総合研究所，より作成。

　社会的協同組合と比較して，あくまで中小企業の協同組合という特徴が，いずれの要素でも表れている。特に組織の特徴として，社会的協同組合が組織内の組合員として多様な人員を確保（従事組合員だけでなく，事業の利用者やボランティアメンバーも組合員として登録される）しているのに対し，中小企業組合はあくまで現行の法制度にのっとり，賛助会員を除く組合員はそれぞれの組織の目的に関連した事業者である。その反面，協同組合の外との連携，産学官連携など通常の中小企業が行う連携事業を行いやすいのである。

5．新設組合に見る新たな連携活動の構築とその手法

5.1　秩父樹液生産協同組合の設立と事業の進捗[注2]

　本章では，筆者が行った実地調査から得られた新設の協同組合の事例を通して，新しい組合組織の構築とその目的，連携の手法の実態を明らかにしていく。
　秩父樹液生産協同組合（以下，当組合）は，埼玉県秩父市に新設された異業種の事業協同組合である。組合員は，地元地域の林業従事者だけでなく，異業種の企業経営者や，山林保有者などの個人である。設立は2012年で，樹液の採取をはじめとした，伐らない林業の創出を主要な目的としている。
　当組合は，もともと秩父地域で森林の保全運動を行うNPO法人，秩父百年の森の理事長が，地域資源を活用した製品づくりに関して，同地域内の食品製造事業者に相談されたことから設立に至った。それ以前に，理事長はNPOの活動と

して縮小する国内林業市場を意識して，樹木を伐らない林業という新たな事業の模索を行っていた。そうした中，地域の研究機関などとも協働して秩父地域に多く自生していた広葉樹の樹液を利用するというアイディアに至ったのである。

　事業の発案当初，当組合はまだ設立されておらず，製菓業や小売店などいくつかの県内中小企業が任意団体として実践するにとどまっていた。しかし，事業を実践する段階で，責任の所在が不明確な集まりという面が欠点となり，樹液ビジネスの発展が危惧される結果となってしまった。

　そこで，より安定した連携を行うために，協同組合が設立された。他にも，樹液の採取と販売を行う上で許可の獲得に組織体での手続きが優位であること，補助金の獲得のしやすさ，法人組織を構成することによる実働要員の確保，他の組合や組織との連携のしやすさが，協同組合制度選択の理由となっている。さらに，林業には地主という個人の存在も関わることから，マルチ・ステイクホルダーの自由参加がしやすい法人格としても，協同組合が選ばれたのである。

　事業内容としては，①秩父観光土産品協同組合（以下，観光組合）に販売するための樹液の採取，②域内樹林の植生管理，③組合内での樹木素材を利用した製品の開発に大別される。①と②の事業では，研究に伴う採取量の増加や管理用のGPSが導入されるなど，継続した事業革新が行われている。特に，①の事業は近年ある程度の利潤が発生し，採取を手伝うNPOの人員に適切な賃金を支払えるまで発展している。

　③の製品製造は，樹液採取以外に年間を通して収益を上げる事業を確保するために計画されたものである。最初の事業としては，観光組合との連携で開発した樹液サイダーをヒントに，広葉樹の安定した生長のために伐採したキハダを利用し，飲料の製造を行った。これは観光組合とのつながりから地域内の食品製造業者に開発，生産を外注している。このように，組合自体でも製品の販売事業を行うことで，組合員への経済的還元も達成している。すでに5,500本ほどのサイダーが都内の百貨店などで販売され，年内には一万本に届く見通しである。さらに，キハダの薬効的な成分を利用した化粧品，ボディーソープや石鹸などを開発，販売の準備を進めている。いずれの製品も，単純に樹木を伐って建材として販売するよりも，樹木一本分の販売価格が4倍近く違うことから，伐らない林業による利益率の大幅な向上が見込まれている。

5.2 秩父樹液生産協同組合に見る新しい協同組合のあり方
　　～地域の活性化を目指した経済事業の導入～

　当組合は，近年珍しい新設の事業協同組合であるが，林業という産業全体の発展を意識した活動が展開されている。同時に，協同組合の活動で林業を潤すことが，組合員の多くが在籍している大滝地域（秩父市の3分の2を占める山林地帯），秩父地域の活性化に繋がっており，長期的な目標として掲げられている。

　これまでの協同組合との第一の違いは，協同組合の外を意識した事業が行われている点である。大滝地域という過疎化しつつあった地域の課題解決が，経済事業に付随した長期的な目標とされている。

　第二の違いに，新しい取組を実践するために必要な要素である，専門知識やアイディアを保有した人材の確保が行われている。当組合の場合，設立者であるNPO法人理事長がアイディアを保有し，実際に製品としての製造・販売を行うためのノウハウや，研究開発のための設備や人員を，地域内の他の協同組合や学校法人，研究機関との連携から得ている。これは既存の協同組合では見られなかった連携組織同士の協力である。

　中小企業一社単位でなく，協同組合といった組織群を取引の対象とした理由は，複数事業者の集まりである法人組織を経由することで，より広範囲に当組合の事業効果を与えられると考えたためである。当組合の目標である産業，地域の活性化を実践するための協力者を，より様々な地域から募る思惑がある。

　第三の違いとして，既存の協同組合と比較して設立時の情報資源が多い点がある。当組合は設立の核となったNPOの代表がNPO活動で培ってきた知識や各種ノウハウを生かした事業を行っているのである。これは，NPO法人が発端となって事業協同組合が設立された経緯があるからであり，『緩やかな連携』で見受けられる手法とは逆で，協同組合における二次組織の創設と類似した動きである（中川2014）。

　また，組合設立に際しては，中小企業経営者だけでなく，関連産業に何らかの形で携わる地域内の個人を加えているという点で，これまで認識されてきた中小企業組合とは異なる活動となっている。ここに，社会的協同組合で見られるマルチ・ステイクホルダーの参入という考え方が生きている。新しい中小企業組合の場合は，近年の地域活性化の流れを汲み，組織内外での連携を意識し，広範なメンバーが事業に参画することで，多様なノウハウや知識，経験の確保が行われて

いるといえる。

さらに，新設の組合という強みがあるものの，経済事業が安定したこと自体も，マンネリやモチベーションの欠如を起こしづらい状態を作り上げている。これが達成できた理由は，経済事業を本格化しようとした際に，しっかりと協同組合組織を構築し，取引構造を明確化させた点にある。

6．結論～変化していく中小企業組合の今後の姿～

本論で展開してきた新しい中小企業組合は，これまでの協同組合とは異なり，目的意識に大きな違いがあると図3で仮定していた。実地調査を含めた結果，そこにはさらに組織設立におけるプロセスや，連携体構築の手法，内在するメンバーの構成などにも違いが見受けられた。こうした違いは，協同組合がこれまで培ってきた支援制度や法制度などの基盤を，近年の社会状況に合わせてより有効に活用することに繋がっている。

以上の内容に従って，中小企業組合の変化をまとめる（図4参照）。

大きな変化は，組織自体の事業目的であり，それを支える具体的な活動内容や組織の構造が連動して変化している。この点は，既存，新設の双方の組合で見られた。ただし，社会的協同組合という形式が完全に導入されたわけではない。中小企業組合が元来所有していた強みが，時代背景に合わせて事業内容を変えつつ，適切な形で実践されているのである。例えば，これまでの政策の受け皿としての法人格組織の強みは，事業継続に必要な力として利用されている。

また，更なる連携対象の模索においても効果的な点が見られた。これまで見られなかった組合間での連携である。こうした活動は，事例においては地域内部で達成されたが，協同組合組織である以上，全国に存在する中小企業団体中央会から組合情報を確保することで，全国的な連携へと発展する可能性もある。

地域活性化が強く叫ばれる社会において，既存の事業協同組合であっても，社会的協同組合の要素を取り入れることの重要性は事例からも明らかである。また，宮下（1999）は，準組合員制度の導入や組合事業の範囲拡大，組合員外の事業利用制限緩和など，本論で述べた新しい組合に関連した要素を今後の組合発展に必要と主張している。

中小企業が地域活性化を目指す連携組織として，協同組合は決して過去の遺物

図4　中小企業協同組合組織の変化

本論より筆者作成

ではなく，現在もその組織構造や運営手法を変化させることで，十分に役割を果たせるのである。しかし，従来通りの組合活動から脱却できずにいる組合の中には休眠状態となっているものが多いことも事実であるが，地域社会や経済の課題解決を目指した新しい協同組合は確かに誕生している。従って，今後の地域活性化の支援策は，経済的，社会的な地域への貢献を目的とする地域の市民と中小企業による自発的発意に基づく連携活動につながるネットワーク作り，マッチングに始まり，最終的な地域活性化へと導くコンサルテーションなど，ソフトな支援の展開が求められよう。

〈注〉
1　記述事例は注釈がなければ，全国中小企業団体中央会の事例検索システムを利用後，各協同組合ホームページにて確認したものである。
2　当該事例は，筆者が2016年7月26日，11月4日に行ったインタビュー調査に基づく。初回は専従の事務職員，2度目は専務理事と事務職員に話を伺った。

<参考文献>
1　アルベルト・イァーネス著，佐藤紘毅訳（2014年）『イタリアの協同組合』緑風出版
2　家森信善・冨村圭・高久賢也「愛知県中小企業2012年アンケート調査の背景と結果の概要」家森信善編著（2014年）『地域連携と中小企業の競争力』中央経済社
3　池田潔（2006年）「中小企業ネットワークの進化と課題」中小企業学会論集『新連携時代の中小企業』同友館pp.1-16
4　伊藤正昭・土屋勉男（2009年）『地域産業・クラスターと革新的中小企業群』学文社
5　稲川宮雄（1971年）『中小企業の協同組織』中央経済社
6　大西正志編著（2016年）『地域と連携する大学教育の挑戦』ぺりかん社

7　清成忠男・田中利見・港徹雄（2004年）『中小企業論』有斐閣
8　協同総合研究所（2011）『イタリアの社会的協同組合の歴史と概要 』協働総合研究所＜http://jicr.roukyou.gr.jp/link/img/20110720ita.pdf＞2017年1月15日閲覧。
9　小磯明（2015年）『イタリアの社会的協同組合』同時代社
10　商工総合研究所作成（2011年）『組織化の現状と新たな展開—平成27年度調査研究事業報告書—商工総合研究所
11　商工組合中央金庫編，岡室博之監修（2016年）『中小企業の経済学』千倉書房
12　関智弘（2006年）「中小企業連携の事業システムと競争力」中小企業学会論集『新連携時代の中小企業』同友館pp.47-59
13　全国中小企業団体中央編（2015年）『中小企業組合ガイドブック』全国中小企業団体中央会
14　寺石雅英（2009年）「地域再生プロジェクトにおけるエクイティ・スキームの活用法」中小企業学会論集『中小企業と地域再生』同友館pp.36-50
15　東京都中小企業団体中央会（2014年）『任意グループ実態調査報告書』東京都中小企業団体中央会＜ http://www.tokyochuokai.or.jp/library/tyousa.html ＞2017年1月15日閲覧。
16　杉本貴志（2014年）「協同組合における新しい組織運営と事業活動」中川雄一郎／JC総研編『協同組合は「未来の創造者」になれるか』家の光協会
17　中川雄一郎・杉本貴志編，全労済協会監修（2014年）『協同組合未来への選択』日本経済評論社
18　中西穂高（2011年）『どの自治体でも実践できる地域活性化モデル』彩流社
19　ジョンストン・バーチャル著，都築忠七監訳（1999年）『国際協同組合運動』家の光協会
20　三浦一洋（2014年）「中小企業協同組合研究」堀越芳昭／JC総研編『協同組合研究の成果と課題』家の光協会
21　宮下淳（1999年）『中小企業の協同組織行動』白桃書房
22　森川信男（2013年）「地域活性化に貢献する中小企業組合の現状と課題」森川信夫編著『中小企業の企業連携』学文社
23　森下正（1999）「中小企業によるグループ活動の実態と展望」日本経済研究センター産業研究報告『企業家，前へ』社団法人日本経済研究センター
24　百瀬恵夫（2000年）『中小企業「協同組織」革命』東洋経済新報社
25　百瀬恵夫（2003年）『新協同組織革命』東洋経済新報社
26　矢田部宏志（2015年）『持続可能な地域産業振興に関する研究—「個」の連結・凝集による起業活動と地域創発的最適化 —』明治大学修士論文
27　山本貢（2003年）『中小企業組合の再生』中央経済社

（査読受理）

地方中小企業における後継経営者の能力形成
―地域金融機関における後継者育成塾のケーススタディ―

島根県立大学　久保田典男

1．はじめに

わが国の企業数の減少は，特に地方において深刻なものとなっている。企業数の減少を食い止めるには，起業・創業を促進させる方法もあるが，既存企業の事業承継を円滑に推進することで廃業を食い止めることも同じく重要である。また，事業を承継する後継経営者（以下，「後継者」）には事業承継を契機に経営革新[注1]を遂行し，先代経営者から引き継いだ事業を更に発展させることが求められている（久保田 2011）。しかしながら，地方の中小企業が自社単独で事業承継に関する様々な課題を解決することは容易ではない。こうした中，地域の情報ネットワークの要であり人材やノウハウを有する地域金融機関が，資金供給者としての役割にとどまらず，地方の中小企業に対する経営支援や地域経済の活性化に積極的に貢献していくことが求められている。

そこで本研究では，地方中小企業の後継者が地方特有の制約を克服しつつ事業承継を契機に経営革新を遂行できるような能力を形成するにあたり，地域金融機関がどのような役割を果たしているのかについて，地域金融機関が運営する後継者育成塾の取組事例から考察する。

2．既存研究

2.1　中小企業の事業承継に関する研究

三井（2002）は，中小企業の世代交代を「第二創業」ととらえ，後継者の能力形成と発揮の関係の中で考察を行った。そして後継者が，外部の学習・能力育成機会と情報の機会を積極的に活用している点を指摘している。髙橋（2002）は，

事業承継をイノベーションの機会ととらえた場合，その推進の条件は後継者自身及び企業組織内の経営資源活用能力の向上にある点を指摘している。

中小企業庁編（2004）『中小企業白書2004年版』によると，承継があった企業のほうが新たな取組みを開始する割合が高くなっていることが示されている。

久保田（2011）は，後継者の社外経験や承継前の新たなプロジェクト遂行の取組みが，後継者の経営革新遂行に必要な能力形成に有効であることを指摘している。また，久保田（2012）は，後継者の能力形成においては，先代経営者の環境整備が重要である点を指摘している。

三井（2015）は，後継者の学習の機会を通じて築かれる，立場をともにする同士の共同の場や，よき相談相手の確保と関係づくりが重要であり，とくに親族内の後継者こそ外部での学習の場・機会が重要である点を指摘している。

堀越（2016）は，地域中小企業の後継者人材マネジメントの課題を考察するうえで，学習と成長の機会の地域への限定性，組織内部の緊張感の欠如やものの見方の偏りといった地域性の重要性を指摘している。

2.2 地域金融機関における中小企業の経営支援に関する研究

金融庁（2003）「リレーションシップバンキング[注2]の機能強化に関するアクションプログラム」及び金融庁（2005）「地域密着型金融の機能強化の推進に関するアクションプログラム」では，「取引先企業に対する経営相談・支援機能の強化」において中小企業に対するコンサルティング機能，情報提供機能の一層の強化を推進することが謳われている。

関・鈴木編（2008）は，信用金庫が会員制度による地域金融機関であり銀行とは異なる相互扶助組織である，営業地域が限定されている，会員に資格があるなどの特質を有し，とくに地方小都市では信用金庫への依存度が高く，信用金庫がその地域の中小企業を対象とする重要な金融機関である点を指摘している。

金融庁（2015）「中小・地域金融機関向けの総合的な監督指針」によると，地域密着型金融の推進に関する基本的な考え方として，顧客企業に対するコンサルティング機能の発揮が示されており，その中で顧客企業のライフステージ等に応じて提案するソリューションの一つとして，事業承継支援が例示されている。また，金融庁は2016年9月に金融機関における金融仲介機能の発揮状況を客観的に評価できる指標として「金融仲介機能のベンチマーク」を公表したが，各金融機

関が自身の事業戦略やビジネスモデル等を踏まえて選択できる「選択ベンチマーク」の項目の一つに「本業（企業価値の向上）支援・企業のライフステージに応じたソリューションの提供」が掲げられている。

安田（2013）は，金融機関が，事業承継に向けて早いうちから準備をする意識を中小企業の経営者がもつようにアドバイスし，承継準備という経営者が煙たがる分野に積極的に関与すべきであることを指摘している。大山（2012）は，事業承継の課題形成から計画策定に至る前工程の支援における地域金融機関の役割を指摘している。杉浦（2014）は，金融庁の「地域密着型金融」推進の流れを受け地方銀行がM&A・事業承継支援業務を強化しており，銀行の収益源泉多様化の視点のみではなく，地域経済活性化に結び付く案件創出への期待を指摘している。

2.3 既存研究のまとめ

2.1の中小企業の事業承継に関する既存研究では，事業を承継した経営者が新しいことに取り組んでいることが指摘されている（中小企業庁編 2004）。また，後継者の経営革新を考察するうえで能力の形成と発揮に着目する視点が提示されている（三井 2002，髙橋 2002）。さらに，後継者による経営革新遂行に必要な能力の形成においては，社外経験，承継前の新たなプロジェクト遂行，先代経営者の環境整備が有効である点がとくに先代経営者の果たす役割との関連で指摘されている（久保田 2011，久保田 2012）。

一方で，地方の中小企業においては経営革新遂行に必要な能力形成にあたり，地域性（堀越 2016）に伴う制約があることが予想されるが，地域性に伴う制約をどのように克服すればよいかについては既存研究では明らかにされていない。

2.2の地域金融機関における中小企業の経営支援に関する既存研究では，リレーションシップバンキング推進の一環として地域金融機関が中小企業の事業承継支援に積極的に関与することへの期待が指摘されている（金融庁 2003，金融庁 2005，金融庁 2015，安田 2013，大山 2012，杉浦 2014）。

とくに人口減少が著しく経営環境の厳しい地方都市では，地域金融機関の果たす役割がより重要となるが，既存研究では地域金融機関の果たす役割を後継者の能力形成という切り口から考察するというアプローチはとられていない。

以上を踏まえ本稿では，島根県浜田市に本店を置く日本海信用金庫が運営する後継者育成塾である「せがれ塾」の事例研究[注3]を通じて，地方中小企業の後継

者が地方特有の制約を克服しつつ経営革新を遂行できるような能力を形成するにあたり，地域金融機関がどのような役割を果たしているのかを考察する。

「せがれ塾」を取り上げる理由としては，日本海信用金庫が島根県の中でも人口減少の著しい島根県西部を営業地域としており，地方中小企業の置かれている状況が厳しいこと，地方小都市では信用金庫の果たす役割が大きい（関・鈴木2008）ことから，地方中小企業の後継者の能力形成に果たす地域金融機関の役割を考察するうえで適した事例と考えられるためである。

3．事例研究

3．1　日本海信用金庫「せがれ塾」の取組み

せがれ塾は，当時日本海信用金庫の理事長を務めていた岡田久樹氏（現・理事相談役）が，2004年11月に発足させた取引先企業の後継者育成塾であり，現在でも岡田氏がせがれ塾の塾長を務めている。

せがれ塾の塾生の中心メンバーは，同金庫の取引先企業の若手・後継者である。塾生の人選にあたっては，営業店長が取引先の中から同塾の受講に相応しい候補者を推薦し，役員及び事務局にて候補者を選定のうえ個別にアプローチをかける方法をとっている。業種についても異業種の企業から構成されるようにバランスを意識している。せがれ塾の受講料は年間3万5千円（2年間で7万円）である。

また，取引先企業の若手・後継者だけでなく，同金庫の若手職員も塾生として参加している。これは，同金庫職員のスキルアップと同時に，後継者との接点強化を図ることを狙いとしている。

せがれ塾は，2016年9月現在で，進行中のものも含め7期に亘って開催されているが，各期のメンバーは15人前後と少数精鋭である。塾に参加した後継者のうち17人がその後事業を承継した。企業塾生の年齢も平均32.1歳と若い（図表1）。

せがれ塾のカリキュラムは，第2期生までは期間を1年間としていたが，経営者として必要な知識を習得するのに1年間では短すぎると考え，第3期生より2年間のカリキュラムとした。発足当初は自社の将来あるべき姿を描いた中期経営計画の策定に主眼が置かれ1名の講師によって実施された。第6期以降は，1年目に経営者としての心構えや必要な知識の習得を2名の講師によって実施し，2年目に同金庫の本店が立地する浜田市の市長や，卒業後も後継者に大学とのつな

図表1　「せがれ塾」における塾生の概要

期間		塾生(企業)	うち事業承継実施済（注2）	塾生(信金職員)	合計	参考 入塾時平均年齢(企業塾生)
第1期生	2004年11月～05年9月	10	7	5	15	30.1
第2期生	2006年2月～06年12月	12	3	5	17	31.7
第3期生	2007年2月～08年11月	13	4	4	17	31.2
第4期生	2009年2月～10年11月	12	1	4	16	31.9
第5期生	2011年2月～12年11月	8	1	3	11	36.0
第6期生	2013年5月～15年4月	14	1	3	17	32.1
第7期生	2015年6月～17年3月（予定）	14	0	3	17	32.5
合計		77（注1）	17	27	104	32.1

(注1) 塾生（企業）のうち，過去から継続して受講する塾生の数が含まれているため各期の塾生の合計とは一致しない。また未卒業者は除いている。
(注2) せがれ塾入塾後に代表者になった者を算出している（2016年9月現在）。
(出所) 日本海信用金庫資料に基づき筆者作成

がりを持ってもらうことを狙いとして浜田市に総合政策学部のキャンパスを置く島根県立大学の教員が，各教員の専門分野から講義を行っている[注4]。このようにカリキュラムは変化しているが[注5]，後継者が財務の知識を学ぶことの重要性をカリキュラムの基本に置いている点については第1期以降変えていない。

また，不定期ではあるが島根県外での研修も開催されている。第2期では「東京ビジネスサミット」への視察が行われた。第4期では極東ロシアへの販路開拓を狙いとしてロシア・ウラジオストクへの視察が行われた。この視察は，島根県西部に立地する萩石見空港からウラジオストク空港までせがれ塾メンバーを中心にチャーター便を運航して実施されるという大がかりなものであった。

3.2　「せがれ塾」への参加を契機に経営革新を遂行した後継者

ここからは，せがれ塾への参加を契機に経営革新を遂行した事業承継済の後継者5人に実施したインタビュー調査（図表2）に基づく事例を事業承継の経緯，後継者が遂行した経営革新の内容，せがれ塾への参加とその効果の順に示す。

①株式会社永島青果

株式会社永島青果（以下，「永島青果」）は，1979年に現社長の父創業による野菜・果物の卸売及びカット野菜加工・販売（関連会社で実施）を行う業者である。現社長の永島勝之氏は高校卒業後，会計の専門学校で簿記等を学んだ後，自動車ディーラーでの1年余りの勤務を経て，1994年に営業担当として同社に入社した。その後，コンビニエンスストア向け等へのカット野菜に対するニーズの高まりを

図表2　インタビュー企業の概要

企業名	事業内容	従業者数	創業年	経営革新の内容	入塾時役職	現時点の役職
株式会社永島青果	野菜・果物の卸売	18人	1979年	・カット野菜加工への進出 ・ロシアへの海外販路開拓 ・仕入に関する配送合理化	取締役部長	代表取締役
株式会社岩多屋	リネンサプライリース 寝具・雑貨・ベビー用品等小売	195人	1946年	・ロシアへの海外販路開拓 ・介護事業への進出	取締役	代表取締役
株式会社一番街 ※M&Aを経て現在 株式会社キヌヤ	スーパーマーケット	120人 (M&A前)	1973年	・中核店舗の移転 ・事業承継後にM&A（売り手側）	㈱一番街 取締役副社長	㈱一番街代表取締役を経て、㈱キヌヤ取締役
有限会社クボタ牛乳	牛乳、乳製品の製造、販売	21人	1914年	・販路開拓、配送合理化 ・工場新築（HACCP認証取得）	専務取締役	代表取締役
株式会社室崎商店 ※事業再生を経て現在 株式会社浜田あけぼの水産	漁業	68人 (事業再生前84人)	1924年	・窯業部門の撤退 ・漁業部門を存続させ、冷凍倉庫事業を他社に譲渡する事業再生案の策定・交渉	㈱室崎商店 取締役	㈱浜田あけぼの水産 代表取締役

(出所) インタビュー内容に基づき筆者作成

機会と捉えてカット野菜事業参入の担い手となり，2001年にカット野菜加工を行う関連会社の初代社長及び永島青果の取締役に就任した。2007年には，島根県唯一の国際貿易港である浜田港におけるロシア貿易促進プロジェクトへの参加を契機に極東ロシアへの果物・野菜の輸出を開始，永島氏は常務取締役として同社のロシア貿易の担い手となった。その後2013年，先代社長が65歳となったのを契機に社長に就任した。社長就任後は運送業者に外注していた仕入業務を自社による直接仕入に切り替え，社長自らが早朝に広島県や福岡県等に仕入に行く取組みを開始した。これは，運送費などの経費節減だけでなく，「目利き」を活かした果物・野菜の仕入による品揃えの充実などの効果をもたらすとともに，厳しい業務を社長自らが担うことで古参幹部から支持・理解を得るという狙いもある。

永島氏は，せがれ塾の第1期生として2004年に同社の取締役部長として参加した。入塾のきっかけは，日本海信用金庫の支店長（その後永島青果に本部長として入社）から先代を経由して入塾の打診を受けたことによるものである。

せがれ塾入塾の最大のメリットとして塾長（信金前理事長）とのコミュニケーションの機会が増えたことが大きい。塾長からはグローバルな考え方などを学びつつ，ロシア貿易拡大へとつなげていった。2008年の第4期せがれ塾の一環で実施されたウラジオストクへの視察ミッションでは，既に取り組んできたロシア貿易の経験を生かして現地訪問先のアレンジやチャーター便の手配などで中心的な役割を果たした。このウラジオストク視察ミッションの実現は，地元企業のロシアへの海外販路開拓拡大のきっかけを作ることにもつながった。

②株式会社岩多屋

　株式会社岩多屋（以下，「岩多屋」）は，1946年創業のリネンサプライリース及び寝具・雑貨・ベビー用品等小売などを行う業者である。後継者である現社長の岩谷一賢氏は米国で経営学を学んだ後，愛知県の食品スーパーでの3年間の勤務を経て2000年に同社に入社，2003年に取締役，2006年に専務取締役に就任した。

　入社後は，主に小売部門を担当しつつ，浜田港ロシア貿易促進プロジェクトへの参加を契機に極東ロシアへのベビー用品，衛生雑貨，子供用玩具等の輸出の担い手となった。2011年には新規事業として参入した介護用品のレンタル事業の拠点集客化を図るなど介護事業強化の担い手となり，2015年に代表取締役副社長，2016年7月に社長に就任した。

　岩谷氏は，せがれ塾の第1期生として2004年に同社の取締役として参加した。入塾のきっかけは，塾長から先代を経由して入塾の打診を受けたことによるものである。せがれ塾参加のメリットとしては，つながりの薄かった異業種の参加者との情報交換の機会が得られたことが大きい。介護事業参入を軸とした中期経営計画の策定にあたっては，先代経営者について調査したり従業員にアンケートを実施したりすることによって自社の現状を客観的に把握することが可能となり，その後の介護事業参入及び強化を実践していくのにも役立った。ロシアへの販路開拓については，同社に先んじて果物等のロシアへの販路開拓を行っていたせがれ塾同期の永島青果の永島氏から多くの刺激を受けつつ情報交換を行った。

③株式会社一番街（現在は株式会社キヌヤと合併）

　株式会社一番街（以下，「一番街」）は1973年に創業したスーパーマーケットである。後継者の戸津川健氏は高校卒業後，料理人を志し調理師学校に進学，ホテルでの調理師の職についていたが，創業者の父の勧めもあり関連会社であるホテル運営会社の社長を任された後, 2001年に一番街に入社した。一番街に入社後は，惣菜部長などを経て2004年に副社長に就任した。副社長就任当初は主に経理・財務を担当しつつ，建物の老朽化への対応及び駐車場などの設備充実を狙いとして2004年に実施した中核店舗移転の担い手となった。なお，この店舗移転は岩多屋の保有する遊休不動産の賃借によって実現したものである。2012年，先代が70歳になったのを契機に一番街の社長に就任したが，その後，長期的な地場スーパーの生き残りのために島根県西部を拠点とするスーパーマーケットである株式会社キヌヤ（以下，「キヌヤ」，従業員数708人）との合併を決断，地方銀行のサポー

トも得つつ2014年2月にキヌヤと合併して以降，戸津川氏はキヌヤの取締役として販促企画の推進役となっている。

戸津川氏はせがれ塾の第1期生として2004年に一番街の取締役副社長として参加した。入塾のきっかけは，日本海信用金庫の担当職員から直接入塾の打診を受けたことによるものである。入塾後は懸案であった中核店舗の移転を軸とした中期経営計画を策定した。計画策定にあたり複数の経営幹部に一番街の成功要因に関するヒアリングを実施することを通じて，自社の成功要因を客観的に知ることができた。戸津川氏は，異業種の後継者との交流により多様な価値観が得られ，他社の事業方針を深く知れることに大きなメリットを感じていたことから，通常は1期で卒業となるせがれ塾に第2～3期も継続して参加した。地方においては日常の業務，会合等で特定の親世代のメンバーとの交流に限定されてしまうことから，せがれ塾という場を通じて同世代かつ異業種の後継者と交流することの意義が地方の後継者にとって極めて大きい点を戸津川氏は指摘している。一方で，今後は債権者である地域金融機関ならではの厳しい経営塾の運営に期待している。

④有限会社クボタ牛乳

有限会社クボタ牛乳（以下，「クボタ牛乳」）は，1914年に現社長の曾祖父が，酪農家として創業した牛乳・乳製品製造・販売業者である。現社長の久保田英治氏は，北海道の大学で乳製品の製造学を学んだ後，北海道の乳業メーカーでの4年間の勤務を経て，1993年に同社に入社，配送や営業を担当し，1995年に専務取締役に就任した。入社直後は，大手のスーパーマーケットが浜田市に進出していた時期であり，大手スーパーマーケットの販路開拓を久保田氏が中心となって行った。また，1998年と2004年の2度に亘り，配送ルートの変更や，配送の外注活用などの配送合理化を行った。2006年3月にHACCPを認証取得したこともあり，先代から事業承継について打診があり，2006年5月に社長に就任した。

久保田氏は，せがれ塾の第1期生として2004年11月に同社の専務取締役として参加した。入塾のきっかけは，日本海信用金庫の支店長から入塾の打診を受けたことによるものである。せがれ塾では経営者としての心構えや覚悟を学べたことが大きい。事業承継にあたり将来的な不安もあったので，中期経営計画の立て方はとても参考になった。せがれ塾の同期の塾生については，同じ後継者の立場から普段聞くことができない考え方なども聞くことができ，視野が広がった。せがれ塾の同期として参加した信用金庫職員も優秀で，現在では支店長など支店業務

の要職に就いている。せがれ塾卒業後は中長期的な視野で物事を考えられるようになった。塾長からOB会長に任命されたこともあり，卒業後も，発会式，卒業式には必ず行くようにしている。

⑤株式会社室崎商店（現在は株式会社浜田あけぼの水産として事業再生）

株式会社室崎商店（以下,「室崎商店」）は，現社長の曾祖父が1924年に創業した沖合底引網漁業者であり，浜田漁港において複数の船団を有する唯一の事業者で水揚高も大きい。1954年には水産物缶詰加工事業，1969年には石州瓦の製造・販売を行う窯業事業，1992年には冷凍倉庫事業へと事業を拡大してきた。しかし水産物缶詰加工事業は業績不振により1991年に撤退した。室崎商店の後継者の室崎拡勝氏は大学卒業後，4年半の間IT会社でシステムエンジニアを経験した。その後3代目社長である父の要請もあり，2005年に取締役として入社した。入社直後は窯業事業を担当していたが，窯業事業は事業環境の悪化から業況が厳しかったこともあり，2007年に撤退した。2008年以降漁業部門を担当してからは，冷凍倉庫事業も低迷しこれまでの業容拡大に伴う借入金の負担が重くなる中，室崎商店側の中心人物として関係機関と企業再生の道を模索することとなった。室崎商店の漁業事業の存続が地域経済の活性化に不可欠であったこともあり，企業再生支援機構の支援を受ける形で2011年12月に冷凍倉庫事業は他社に譲渡し，中核事業である漁業事業を新会社の株式会社浜田あけぼの水産（以下,「浜田あけぼの水産」）に事業譲渡する形で事業再生が行われ，室崎氏は室崎商店からの唯一の既存役員として浜田あけぼの水産の取締役に就任，社長には地方銀行から派遣された人物が就くことになった。室崎氏は国・県・市の支援を活用して漁船の設備更新に取り組んだり，若手従業員の採用強化等を推進したりすることで経営の立て直しを図り，2014年に浜田あけぼの水産の社長に就任した。

室崎氏は，せがれ塾の第2期生として2006年に室崎商店の取締役として参加した。入塾のきっかけは，日本海信用金庫からの出向者であった当時の室崎商店の取締役総務部長から入塾の誘いがあったことによるものである。せがれ塾では，異業種の後継者と知り合い，お互いに切磋琢磨できたことのメリットが大きかった。このため卒業後もOB会などには積極的に参加している。入塾時に取り組んだ中期経営計画の策定においては，当時従事していた窯業事業の経営改善策を策定したが，計画策定にあたり親族以外の役員とコミュニケーションを取るきっかけができた。また，入塾を契機に塾長との関係が深まった。事業再生実施におい

ては，債権者の説得が最大のカギとなるが，塾長が積極的にサポートしてくれた。

4 企業事例の考察

　せがれ塾が地域の中小企業の能力形成に果たす役割は以下の4点に整理される。
　第1に，「異業種の後継者とのコミュニケーションの活発化」があげられる。
　一番街の戸津川氏が指摘するように地方では特定の親世代のメンバーとの交流に限定されるという地方特有の制約を抱えているが，事例企業の後継者は異業種の後継者とのコミュニケーションによって，広い視野を得ることができている。
　さらに，異業種の後継者とのコミュニケーションが，後継者の経営革新遂行の契機となっており，その中には他の後継者の経営革新遂行に影響を与えるケースもある。例えば，事例企業によるロシアへの海外販路開拓の取組みにおいては，永島青果の後継者の取組みが岩多屋や地域の他の中小企業の取組みに刺激を与えている。また，一番街の戸津川氏が中心となって取り組んだ中核店舗の移転は，岩多屋の保有する遊休不動産の賃借によって実現したものであり，せがれ塾の塾生が属する企業同士でビジネスマッチングが実現している。
　第2に，「中期経営計画の策定を契機とした自社の状況の客観的把握」があげられる。事例企業では，中期経営計画の策定を契機として，先代経営者，経営幹部，従業員とのコミュニケーションの機会が増加している。例えば，岩多屋では介護事業参入に関する中期経営計画の策定プロセスが，先代経営者の調査や従業員へのアンケート実施等に基づく自社の現状の客観的把握につながるとともに，その後の介護事業参入及び強化の実践に役立っている。また一番街では，中核店舗移転に関する中期経営計画の策定に伴う経営幹部へのヒアリングが自社の成功要因を客観的に把握することにつながっている。室崎商店でも，中期経営計画策定に伴う役員とのコミュニケーションが自社の客観的把握につながっている。岡田塾長が指摘するように地方中小企業の先代経営者は，後継者にバトンを渡すことへの遠慮があるが，後継者による中期経営計画策定の取組みを契機とした後継者と先代経営者とのコミュニケーションの活発化が事業承継推進へとつながっている。
　第3に，「地域金融機関役職員との関係強化」があげられる。せがれ塾では後継者だけでなく信用金庫の若手職員も塾生として参加しているが，それらの職員がせがれ塾の同期として現在では支店長など支店業務の要職に就くことのメリッ

トがクボタ牛乳から指摘されている。また，せがれ塾塾長の信金前理事長との関係強化が，永島青果の永島氏の活躍によるロシア視察ミッションの実現や，室崎商店の事業再生実現へとつながっている。

第4に，「大学教員との関係強化」があげられる。近年のせがれ塾においては大学教員も講師としてせがれ塾に参画しているが，そこでの交流等をきっかけとして事例企業の岩多屋，キヌヤを含む3社が自社の方向性に関する提言などを大学教員が所属するゼミが行うなどの取組みが行われている。

5 総括

以上を踏まえると，地方中小企業の後継者が事業承継を契機に経営革新を遂行できるような能力を形成するにあたり，地域金融機関が後継者育成塾の取組みを通じて後継者同士，後継者と先代経営者・経営幹部・従業員，後継者と地域金融機関役職員及び教育機関などの「仲介役」の役割を果たすことで，後継者による特定メンバーとの交流の限定や，先代経営者の後継者に対する遠慮といった地方特有の制約を克服していることが示されている。

既存研究では後継者の学習の機会として立場をともにする者同士の共同の場や，よき相談相手の確保と関係づくりの重要性が指摘されている（三井 2015）が，地域金融機関の運営する後継者育成塾は，地域内の異業種の後継者同士の交流の場を提供するとともに，後継者単独ではつながることが難しい地域金融機関の役職員や大学等教育機関との関係づくりに貢献している。

また，金融庁は取引先企業の経営改善等の支援を組織的・継続的に実施することを地域金融機関に求めているが，地域金融機関が後継者育成塾を運営することは，中小企業の最重要課題の一つである事業承継に積極的に関与しつつ，組織的かつ長期・継続的に中小企業の成長を支援することにつながる。とくに地方小都市においては信用金庫が地方中小企業の経営改善を積極的に支援することへの期待も大きい。せがれ塾では信金の若手職員も塾生として参加しているが，信金の若手職員が，厳選された地方中小企業の後継者と共に学ぶことは，取引先企業の最先端の経営情報に触れつつ事業を見極めるうえでの目利き力向上につながる。一方で，後継者側もせがれ塾への参加を自社の経営課題解決や経営革新遂行の契機としつつ信用金庫との長期的な関係構築へとつなげていくことができる。この

ように後継者育成塾での活動を通じて地域金融機関と地方中小企業の間で親密な関係が長く維持されることで，資金の貸し手が借り手の信用リスクに関する情報を十分に有していないという情報の非対称性の問題を軽減し，リレーションシップバンキングの推進を図る（金融審議会金融分科会第二部会 2003）ことが可能となる。また地方でこのような学びの場があることが，中長期的に後継者候補がUターン等によって地元に帰ることにつながるかもしれない。そのためにも事例企業が指摘するように，地域金融機関が運営する後継者育成塾は債権者である地域金融機関でしかできないような充実した内容とすることが求められよう。

さらに，せがれ塾の事例企業では，後継者がM&Aや事業再生を推進することで生き残りを図る取組みが見られており，これらの取組みに地域金融機関が少なからずサポートしている。このことから後継者育成塾の運営を契機としてその後の長期的な取引先企業の経営支援にどのようにつなげていくかがカギとなろう。

残された課題としては，後継者育成塾の事例研究では後継者難の中小企業に対して地域金融機関がどのような役割を果たしうるかという点までは踏み込みにくいことがあげられる。今後は後継者難の中小企業も含めた地域金融機関による地域企業存続に向けた方策についても研究を深めていきたいと考えている。

〈注〉
1　本稿では，経営革新を「承継者が承継時に直面している経営課題などを克服するために実施した取組み」と定義する。
2　金融審議会金融分科会第二部会（2003）では，リレーションシップバンキングを「金融機関が顧客との間で親密な関係を長く維持することにより顧客に関する情報を蓄積し，この情報を基に貸出等の金融サービスを行うことで展開するビジネスモデル」としている。
3　松永（2008），久保田（2015）においてもせがれ塾の事例は詳しく紹介されているが，松永（2008）は信用金庫の地域貢献という視点から小都市・人材育成の事例の一つとして，久保田（2015）は小規模企業における事業承継支援に対する地域金融機関の果たす役割という観点からそれぞれせがれ塾の取組みを紹介している。これに対して本稿では，中規模企業も含めた地方中小企業の後継者における経営革新を遂行するための能力形成という視点から，地域金融機関の果たす役割を考察するための事例としてせがれ塾を取り上げている。
4　筆者も第5期からせがれ塾の運営に関わっている。
5　カリキュラムの変化については久保田（2015）に詳しく記載されている。

〈参考文献〉
1　中小企業庁編（2004）『中小企業白書2004年版』ぎょうせい
2　金融庁（2003）「リレーションシップバンキングの機能強化に関するアクションプログラム」
3　金融庁（2005）「地域密着型金融の機能強化の推進に関するアクションプログラム」
4　金融庁（2015）「中小・地域金融機関向けの総合的な監督指針」
5　金融庁（2016）「金融仲介機能のベンチマーク」
6　金融審議会金融分科会第二部会（2003）「リレーションシップバンキングの機能強化に向けて」
7　久保田典男（2011）「世代交代期の中小企業経営－次世代経営者の育成」,『日本中小企業学会論集30』, pp.17-31
8　久保田典男（2012）「中小企業の事業承継と後継者育成」, 三井逸友編『21世紀中小企業の発展過程－学習・連携・承継・革新』（第12章）, pp.235-250
9　久保田典男（2015）「小規模企業における事業承継の課題と支援策～地域金融機関による事業承継支援～」『商工金融』65(12), pp.5-23
10　堀越昌和（2016）「地域中小企業の後継者人材マネジメントの現状と課題の解明に向けた予備的考察—熊本県の中小企業を対象とした探索研究—」,『日本中小企業学会論集35』, pp.174-186
11　松永桂子（2008）「せがれ塾の展開と職員の中小企業への出向－日本海信用金庫（島根県浜田市）」, 関満博・鈴木眞人編『信用金庫の地域貢献』（第3章）, pp.65-83
12　三井逸友（2002）「世代交代の過程と次世代経営者の能力形成・自立への道」, 中小企業研究センター編『中小企業の世代交代と次世代経営者の育成』調査研究報告No.109, pp.17-44
13　三井逸友（2015）「企業家・後継者の能力形成と事業承継—『中小企業の新陳代謝の促進策』にかかる調査研究」,『商工金融』65(8), pp.5-32
14　大山雅己（2012）「新しい事業承継支援の潮流：地域金融機関や地域支援機関を含めた新しい動き」,『税経通信』第67巻, 第6号, pp.48-57
15　関満博・鈴木眞人編（2008）『信用金庫の地域貢献』新評論
16　杉浦慶一（2014）「地方銀行による地域密着型金融の推進とM&A・事業承継支援業務」,『年報財務管理研究』第25号, pp.58-68
17　髙橋美樹（2002）「イノベーションと中小企業の事業承継」, 中小企業研究センター編『中小企業の世代交代と次世代経営者の育成』調査研究報告No.109, pp.45-64
18　安田武彦（2013）「事業承継への政策支援効果は未確定：金融機関は積極的な関与を」,『月刊金融ジャーナル』第54巻, 第4号, pp.68-71

（査読受理）

健康・福祉機器分野における中小企業の新製品開発
―「近接性」概念による外部連携活動の分析を中心に―

機械振興協会経済研究所　北嶋　守

1．はじめに

　現在，ヘルスケア産業は世界的に成長が期待される分野となっている。特に超高齢社会にある日本での期待は高く，その背景については次の4つを指摘することができる。第一に，日本政府が戦略的市場創造プランの一環としてヘルスケア産業の育成を打ち出し健康寿命の延伸と医療費・介護費の抑制策として薬事法を改正し地域包括ケアシステムの構築を提唱している（政策的背景）。第二に，国民の医療・介護費用の抑制と地域雇用の創出に向けてヘルスケア産業クラスター形成が活発化している（経済的背景）。第三に，独居高齢者の問題に加え地域の医療・介護・福祉従事者の不足が社会的課題となっている（社会的背景）。第四に，ICT（情報通信技術）及びRT（ロボット技術）など電子産業の蓄積技術を当該分野に応用する動きが高まっている（技術的背景），などである[注1]。

2．関連研究，研究の視点及び方法

2.1　先行研究レビュー
　日本のヘルスケア産業と中小企業に関する先行研究については，例えば，海上（2013）による医療・健康・衛生機材産業への中小企業の参入に関する研究，亀岡（2014）による医療機器・生活支援機器業界の製品開発戦略に関する研究，北嶋（2015）による医療機器クラスターにおける中小企業の新事業展開に関する研究などがあるが，国内の健康・福祉機器分野における中小企業の新製品開発行動をイノベーション活動としてミクロ的に捉えた研究は未だ存在していない。

2.2 研究の視点と方法

そこで，本稿では健康・福祉機器分野における中小企業の新製品開発行動をイノベーション活動として捉え，戦略的分析概念として「近接性」(proximity) の概念を適用し，当該分野における中小企業のイノベーション活動の仮説的一般化を試みる[注2]。具体的な研究方法としては，機械振興協会経済研究所が実施したアンケート調査から中小企業の参入状況を確認した上で，筆者が実施したインタビュー調査に基づいて中小企業の新製品開発行動の分析及び考察を行う[注3]。

3. ヘルスケア産業への参入状況と新製品開発のケース

3.1 中小企業のヘルスケア産業への参入状況

表1に示すように健康・福祉機器分野に取り組んでいる中小企業は予定を含めても3割弱に留まっており，医療機器分野の6割以上（予定を含む）と比較し活発とは言い難い状況にあるが，その要因については，中小企業を含む介護・福祉施設，病院，公的支援センター，大学・研究機関，レンタル事業者といった複数のアクターの相互学習（interactive learning）を促す環境が当該分野では未整備である点を指摘することができる。

表1　中小企業のヘルスケア産業への取り組み状況

取り組み状況	分野		
	健康機器・器具	福祉機器・用具	医療機器・器具
現在取り組んでいる	13.9 ⎫ 28.1	13.3 ⎫ 27.5	50.3 ⎫ 62.4
今後3年以内に取り組む	14.2 ⎭	14.2 ⎭	12.1 ⎭
今後も取り組む予定なし	69.9	70.2	37.4
NA	2.0	2.3	0.2

出所：機械振興協会経済研究所 (2014), (2015) に基づいて筆者作成。

3.2 中小企業の新製品開発行動のケーススタディ

以下ではインタビュー調査に基づいて中小企業の健康・福祉機器分野における新製品開発行動として2つのケースを取り上げ，その外部連携構造を描出する。

(1) ケース1：循環式水枕の開発

A社（長野県諏訪市）の主力製品は「循環式水枕」である。同社は光学機器メーカーである親会社の"企業内ベンチャー"であり，親会社の事業は健康機器分野とは全く関係がなかったため，製品の企画段階では顧客層の分析や健康機器市場の特性の把握，コスト削減などに苦労したが，病院，地域内の複数の中小企業，公的機関とのネットワークを活用しながら健康機器の企画・開発と販路拡大を実現している。また病院や介護施設向けの営業戦略として施設用の製品を開発し公益財団法人テクノエイド協会のTAISコード（福祉用具情報システムコード）を取得することによって介護施設への対応力を強化している[注4]。同社の健康機器開発における外部連携構造は図1のとおりである。

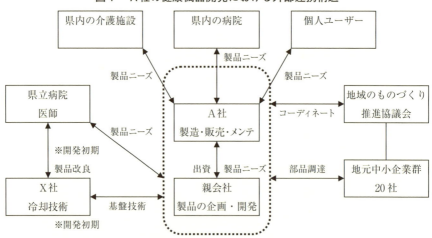

図1　A社の健康機器開発における外部連携構造

出所：インタビュー調査に基づいて筆者作成。

(2) ケース2：足こぎ車いすの開発

B社（宮城県仙台市）の主力製品である「足こぎ車いす」は大学教授の研究成果を基にB社が製品化したもので半身麻痺や歩行困難の人でも片足が少しでも動けば自力で自由に移動できる福祉機器である。同社では同製品を国内では医療機器ではなく福祉機器として販路拡大を展開しているが，その理由は，医療機器の

場合，医療関連学会や論文などでの権威づけが必要になることが少なくないからである。現在，同社は製品の企画・開発を手掛け，製造・販売は主に県外企業と台湾企業（いずれも自転車部品を手掛けるメーカー）に委託している。同社の福祉機器開発における外部連携構造は図2のとおりである。

図2　B社の福祉機器開発における外部連携構造

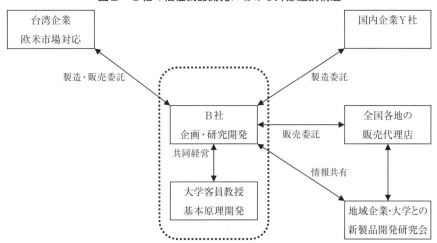

出所：インタビュー調査に基づいて筆者作成。

4．中小企業の新製品開発行動の分析

4．1　適用する「近接性」概念

2つのケースに見られるように中小企業の健康・福祉機器の新製品開発行動は外部連携構造を形成しており，この傾向はインタビュー調査を実施した健康・福祉機器開発の14ケース全てに共通していることから，こうした外部連携構造はイノベーション活動において連携するアクター間の関係性に注目する「近接性」概念によって分析することが可能である[注5]。中小企業は連携するアクターから必要な知識や情報を取り込むためアクター間との近接性はイノベーション活動に影響を与える。そのため中小企業を含むアクター間の近接性を分析することは複雑で高いリスクを伴うイノベーション活動を成功に導くことに貢献するものと考え

られる。そこで，以下では中小企業のイノベーション活動について近接性の5つの次元から主に地理的近接性（geographical proximity），認知的近接性（cognitive proximity）及び組織的近接性（organizational proximity）の視点に基づいてケース分析を試みる。

(1) 地理的近接性の視点によるケース分析

Knoben & Oerlemans（2006）によれば，地理的近接性は土地に根ざした空間的地域的あるいは物理的な近接性であり地理的距離の小ささはアクター間の対面的相互作用（face-to-face interactions）の環境を用意し知識の移転とイノベーションを増進するとされる。2つのケースでは新製品の開発段階においてこの地理的近接性が確認されている。すなわち，ケース1の開発段階では地域内の病院，親会社及びX社との連携といった地理的近接性が効果を発揮している。また製造段階においても地域内企業から材料及び部品の供給を受けており地理的近接性が機能している。一方，ケース2の企画・開発段階では大学及び地域内企業との連携（定期的な製品企画会議）において地理的近接性が機能している。しかし製造・生産及び販売段階では県外企業及び台湾企業との連携（製造・販売委託）が中心で地理的近接性は弱い。これは後述するイノベーション活動における近接性の相互作用の重要性を示唆している。

(2) 認知的近接性の視点によるケース分析

Wuyts, Colombo, Dutta, & Nooteboom（2005）によれば，認知的近接性とはアクターがその世界を知り解釈し理解し評価する際の方法の類似性を意味する。またKnoben & Oerlemans（2006）によれば，アクター同士が知識を交換・移転するためには認知的近接性の準拠枠（frame of references）の類似性が必要とされる。さらにNooteboom（2007）によれば，認知的近接性は特に共同研究開発において重要とされる。そこで各ケースを見てみるとケース1では製品の企画・開発段階ではX社からの技術導入や病院担当者のニーズなど新知識の吸収に苦労しながらアクター間の認知的近接性を構築したことが窺える。ケース2では特に製造・生産及び販売段階において県外企業及び台湾企業に対して製品コンセプトに関する知識を積極的に移転し認知的近接性を形成している。

(3) 組織的近接性の視点によるケース分析

Boschma（2005）によれば，組織的近接性とは組織内及び組織間において関係性を共有しイノベーション・ネットワークにとって優位性を発揮する近接性を

意味する。ケース1では地域内企業との結束により製造・生産を可能にしており組織的近接性が機能している。一方、ケース2は製造・生産及び販売段階では県外企業及び台湾企業と連携しており組織的近接性が強いとは言い難いが、これに関してはB社の次のコメントが参考になる。「実際のものづくりは、提携先のY社に委託している。デザイン、軽量化、機械の簡素化は全てY社（県外企業）のノウハウである。同社（B社）がコンセプトを固め、Y社が形にする。それぞれの考えを尊重し、作業工程の途中で口出しはしない。仕上がった段階で意見を出し合う。この方法は一見非効率に感じられるが、お互いの気分を害さず業務を遂行するために一番良い流れだ。"出来上がってダメだった"では時間も費用ももったいないと思われるだろうが、この場合それぞれに原因があってうまくいかなかったのだからお互いさまで、素直に反省できる。『中小企業の輪』の秘訣かもしれない」[注6]。このコメントは「適度な組織的近接性」とは何かについて考えるきっかけを我々に提供する。なぜならばB社とY社の「ほどほどの距離」が適度な組織的近接性を生み、それが新発想の製品化を可能にしているからである。そしてこの「ほどほどの距離」の形成は全ての近接性にとっての課題である。

4.2　近接性の各次元における「ほどほどの距離」

そこで、Boschma（2005）を参考に近接性の各次元の特性について整理してみよう（表2参照）。解決方法とは近接性における「ほどほどの距離」を保持する方法、つまり、適度な近接性を形成・維持する方法と言い換えることができ、この「ほどほどの距離」とはGranovetter（1973）が提唱した「弱い紐帯の強さ」（the strength of weak ties）と類似した考え方である[注7]。さらに補足すると地理的近接性は数値化可能であるが他の近接性は独自の尺度（measurement）を設定しない限り数値化は困難である。つまり地理的近接性以外の近接性は客観的データ化において困難性を伴う[注6]。しかしながら、それが即座に地理的近接性以外の近接性の観察不可能性を意味するわけではない。我々はインタビュー調査や文献調査などの質的調査（qualitative survey）により地理的近接性以外の近接性を観察することは可能なのである。

表2 近接性の5つの次元と特性

	鍵となる特性	弱すぎる	強すぎる	可能な解決方法
地理的近接性	物理的距離	空間的外部性の欠落	地理的開放性の欠如	地域内の活発な交流と地域外連携の併用
認知的近接性	準拠枠	間違った理解	新発想の見逃し	補完性よりも多様性を重視した知識の共有
組織的近接性	制御	場当たり的対応（機会主義）	官僚主義	緩やかな連携の仕組み
制度的近接性	共通の制度を基礎にした信頼	場当たり的対応（機会主義）	閉じ込め・惰性	制度チェックとバランス
社会的近接性	社会的関係性を基礎とした信頼	場当たり的対応（機会主義）	経済的合理性の欠如	埋め込みと市場性の結合

出所：Boschma（2005）p.71を訳出し筆者作成。

ところで，Boschma（2005）によれば，外部連携による急進的イノベーション活動では特に認知的近接性が重要とされ，Knoben & Oerlemans（2006）が指摘したように認知的近接性はアクター同士が知識を交換し移転するために必要な準拠枠（frame of references）の共有とされる。つまり新製品開発といった急進的イノベーション活動で決定的役割を果たすのは地理的近接性ではなく認知的近接性であると考えられる。またBroekel & Boschma（2011）によれば，個々の近接性は相互作用により適度な認知的近接性の形成に寄与しイノベーション活動を成功に導く可能性を高めるとされる。さらにSteinmo & Rasmussen（2013）によれば，個々の近接性の様態は個々の企業特性によって異なるだけでなくイノベーション活動の各フェーズによっても変化する場合があるとされる。以上を踏まえ次節では健康・福祉機器開発の理論的考察を試みる。

5．中小企業のイノベーション活動と近接性に関する理論的考察

5．1 健康・福祉機器開発で重要となる制度的近接性と社会的近接性

中小企業の健康・福祉機器開発というイノベーション活動では様々な知識の学習（learning）や吸収（absorption）を企業内部だけでなく地域内外の企業，大学，

支援機関といった多様なアクターとの連携によって実現していることが確認された。そこで，本節では健康・福祉機器分野における中小企業のイノベーション活動と近接性の関係の仮説的一般化に入る前に残る2つの近接性，すなわち制度的近接性（institutional proximity）と社会的近接性（social proximity）の特徴について言及しておきたい。

(1) 制度的近接性の特徴

制度近接性は外在的な場合と内在的な場合に区別される。外在的制度的近接性（external institutional proximity）は制度的環境に近く国家など制度や規制を施行する機関が1つのアクターとして存在する。一方，内在的制度的近接性（internal institutional proximity）は企業間提携の場合のように各々の企業の制度の類似性を意味する。これに関連してEdquist & Johnson（1997）は，制度は集合的行為にとって一種の膠（glue）の役割を果たすとしている。さらにBoschma（2005）によれば，制度的近接性は社会的近接性及び組織的近接性と強く相互連結（interconnect）する特徴を持っているとされる。

(2) 社会的近接性の特徴

社会的近接性は社会学的概念に依拠している。つまり社会的近接性はアクター間に存在している文化的，経験的，専門的，職業的な類似性によって形成される。一方，Polanyi（1944）及びGranovetter（1985）によれば，この社会的近接性は「埋め込み（embeddedness）」に関する研究までその起源を遡るとされ，経済的関係性は多少なりとも常に社会的文脈（social context）に埋め込まれており，社会的関係性は経済的成果に影響を与えるとされる。アクター間に友人関係など共通経験を基盤とする信頼（trust）が構築されている場合，彼らの関係性は社会的に埋め込まれており学習やイノベーションを可能にする組織能力はこの社会的近接性を必要とする。またMaskell & Malmberg（1999）によれば，社会的関係性は市場という枠組みではその伝達や取引が非常に困難とされている暗黙知（tacit knowledge）の交換を促進する機能があるとされる。

5.2 中小企業における健康・福祉機器開発の仮説的一般化

では，健康・福祉機器分野における中小企業のイノベーション活動について認知的近接性を軸にその仮説的一般化を試みてみよう（図3参照）。

図3　健康・福祉機器分野における中小企業のイノベーション活動に関する仮説的一般化

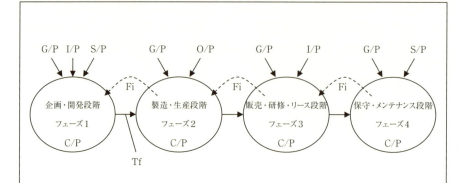

出所：筆者作成。

　フェーズ1では外部連携として大学研究者（試作開発者）との地理的近接性がアクター間の認知的近接性に影響を与える。また健康機器及び福祉機器に関する法律・規制といったフォーマルな制度の理解（知識習得）が重要となるため，関連機関，県等の行政機関とのコミュニケーションが展開されることになり制度的近接性が重視される。さらに企業が立地している地域社会を基盤としたアクター間の信頼が構築されていることが前提となるため社会的近接性もこのフェーズでの認知的近接性の形成に影響を与える。フェーズ2では地域内外の中小企業とのコラボレーションにより製品化が実現されるケースが少なくないが，ここでは各企業間の組織的近接性が重要となる。共同作業を進める上で，例えば，モノづくりへの独自のこだわりを有している企業間では組織的近接性が認知的近接性の形成に影響を与える。また地域内の中小企業同士の共同作業では対面的コミュニケーションによる打合せが頻繁に発生するが，ここでは地理的近接性が認知的近接性に影響を与える。フェーズ3ではアクターとして代理店，商社，レンタル事業者，施設，製品の利用者・仲介者が加わることになり，企業は研修を通じて自社製品の知識移転を積極的に展開しながら販路拡大に努めることになるため，施

設や関連業者との物理的距離，すなわち地理的近接性がアクター間の認知的近接性の形成に影響を与える。一方，介護施設，病院あるいは自宅の場合では，その製品を取り巻くフォーマルな制度に関する知識の共有が必要となるため，ケアマネジャー，介助者，家族を含めたアクター間の制度的近接性が重要となる。最後にフェーズ4では施設，レンタル事業者，自宅に提供された製品の修理，保守，メンテナンスを通じて介助者，被介助者，障害を持った人々の意見をフィードバックし，その後の製品及びサービスの改善に繋げることが重要となるため，このフェーズでは企業（製造・販売業者，レンタル事業者）と製品利用者（介助者，被介助者，障がいを持った方）との信頼（trust）の構築が鍵となり社会的近接性がアクター間の認知的近接性の形成に影響を与える。これら複数の近接性は相互作用することで各フェーズにおいて「適度な認知的近接性」の形成に寄与する。しかし一方で，表2に示したように，例えば地理的近接性や社会的近接性などが強すぎた状態で製品の企画・開発が行われた場合（フェーズ1），連携するアクター同士の発想は閉鎖的・限定的になる危険性がある。またアクター同士が友人関係，親族関係のため信頼感が強すぎた場合には経済的合理性が考慮されないまま製品企画が行われる危険性がある。このように中小企業を含む複数のアクターによって展開される健康・福祉機器開発はリスクを伴うが，「適度な近接性」の形成はそうしたリスクを低減させることに貢献するものと考えられる。

6．結論と今後の研究課題

本稿の結論及び今後の研究課題を整理すると以下のようになる。まず結論については，第一に，健康・福祉機器の新製品開発では地理的近接性だけでなく，関係的近接性（relational proximity）に属する諸近接性の重要性が仮説的ではあるが示唆されたこと[注8]。第二に，新製品開発の各フェーズでは重要となる近接性に違いがあると共に近接性の相互作用が確認されたこと。第三に，健康・福祉機器の開発では社会的関係性が経済的成果に及ぼす影響を考慮する必要性が示唆されたこと。第四に，この社会的近接性は制度的近接性に埋め込まれているため制度や規制を担当する関係省庁及び関係諸機関同士の制度的近接性が規制産業（regulated industry）である当該産業の成長に影響を与えるものと考えられること。最後に今後の研究課題については，第一に，医療機器を含む中小企業の新製

品開発行動のケース分析をより精緻化し仮説的一般化の検証を進めること。第二に，マクロ的視点から日本国内で展開されているヘルスケア産業クラスターと中小企業の外部連携活動との関係に関する研究に取り組むこと。以上である。

〈注〉
1　本稿のヘルスケア産業とは医療機器・器具，健康機器・器具及び介護福祉機器・用具で構成される産業を意味する。なお，当該産業の技術・市場動向及び日本の超高齢化に伴う諸課題については，機械振興協会経済研究所（2014），（2015），（2016）を参照。
2　「近接性」は近年の経済地理学で注目されている概念である。この概念の特徴については，水野（2011）を参照。
3　本稿で使用しているアンケート調査は次の２種類である。①中小企業2,407社を対象とした医療機器分野への参入状況に関する調査（実施期間：2013年11月上旬から12月上旬，有効回答数：497件，有効回収率：20.6％）。詳細については，機械振興協会経済研究所（2014）を参照。②中小企業1,500社を対象とした健康・福祉機器分野への参入状況に関する調査（実施期間：2014年12月下旬から2015年２月上旬，有効回答数：302件，有効回収率：20.1％）。詳細については，機械振興協会経済研究所（2015）を参照。またインタビュー調査は2013年４月から2016年３月までの期間に筆者が実施したものである。この調査では医療機器，健康・福祉機器の専門家の意見に基づいて医療機器分野を含め33ケースを対象に調査を実施した。うち健康・福祉機器分野は14ケースであり，本稿ではその中から健康機器及び福祉機器の開発事例として２ケースを取り上げている。これらのインタビュー調査の概要については，機械振興協会経済研究所（2014），（2015），（2016）を参照。
4　公益財団法人テクノエイド協会及びTAISコードについては，同協会ホームページ http://www.techno-aids.or.jp/kyokai/　2016年４月10日閲覧。
5　このコメントについては，鈴木堅之（2012）を参照。
6　この指摘については，水野（2011）p.73を参照。
7　例えば，デンマークの革新的企業に関する調査データに基いてイノベーション活動における地理的近接性，認知的近接性及び社会的近接性の役割について独自の尺度を設定し統計解析を行った研究も存在する。以上については，Drejer & Østergaard（2014）を参照。
8　関係的近接性とは地理的近接性以外の諸近接性を意味する。地理的近接性と関係的近接性の横断的関係については，Zsófia Vas（2009）を参照。

〈参考文献〉
1　Boschma, Ron.（2005）Proximity and innovation: a critical asssesment, *Reginal Studies* 39(1), pp.61-74.

2 Broekel, Tom, & Boschma, Ron. (2011) The cognitive and geographical composition of ego-networks of firms: and how they impact on their innovation performance, Papers in Evolutionary Ecomomic Geography 11(8).
3 Drejer, Ina, & Østergaard, Christian Richter. (2014) The role of geographical, cognitive and social proximity in university-industry collaboration on innovation, Paper prepared for the 9th Regional Innovation Policy Conference, 16-17 October 2014, Stavanger, Norway.
4 Edquist, Charles, & Johnson, Björn. (1997) Institutions and organizations in systems of innovation, in Edquist C. (Ed.), *System of innovation, Technologies, Institution and Organizations*, pp.41-63.
5 Granovetter, Mark. (1973) The strength of weak ties, *Americal Journal of Sociology* 78, pp.1360-1380.（大岡栄美訳「弱い紐帯の強さ」野沢慎司編『リーディングス　ネットワーク論―家族・コミュニティ・社会関係資本』pp.123-154. 勁草書房, 2006）
6 ──────── (1985) Economic action and social structure: The problem of embeddedness, *American Journal of Sociology* 91, pp.481-510.
7 亀岡京子（2014）「ユニバーサルデザインを用いた製品開発戦略―医療機器・生活支援機器業界における共通価値の創造―」『東海大学紀要政治経済学部』第46号, pp.83-94.
8 機械振興協会経済研究所（2014）「医療機器産業におけるサプライヤーシステム」
9 ──────（2015）「健康・福祉機器市場における中堅・中小企業の販路拡大策」
10 ──────（2016）「超高齢社会の課題解決に対応した機械情報産業の新展開」
11 北嶋　守（2015）「医療機器クラスターを軸にした中小企業の新事業展開―優位になる能力と必要になる能力―」『機械経済研究』第45号, pp.1-19.
12 Knoben, Joris, & Oerlemans, Leon. (2006) Proximity and inter-organizational collaboration: A literature review, *International Journal of Management Reviews* 8 (2), pp.71-89.
13 Maskell, Peter, & Malmberg, Anders. (1999) The competitiveness of firms and regions, 'Ubiquitification' and the importance of localized learning, *European Urban and Regional Studies* 6, pp.9-25.
14 水野真彦（2011）『イノベーションの経済空間』京都大学学術出版会, pp.71-83.
15 Nooteboom, Bart, Van Haverbeke, Wim, Duysters, Geert, Gilsing, Vicor, & van den Oord, Ad. (2007) Optimal cognitive distance and absorptive capacity, *Research Policy* 36(7), pp.1016-1034.
16 Polanyi, Karl. (1944) *The Great Transformation: The political and economic origins of our time*, Beacon Press, Boston.
17 Steinmo, Marianne, & Rasmussen, Einar. (2013) How firms collaborate with public research organizations: the evolution of proximity dimensions in successful

innovation projects, Paper to be presented at the 35th DRUID Celebration Conference 2013, Barcelona, Spain, June 17-19, pp.4-6.
18 鈴木堅之（2012）「『足こぎ車いす』に学ぶ医療イノベーションの法則」科学技術振興機構『産学官連携の道しるべ』2012年6月号掲載，https://sangakukan.jp/journal/journal_contents/2012/06/articles/1206-04/1206-04_article.html 2016年4月20閲覧。
19 海上泰生（2013）「医療・健康・衛生機材産業において新規参入を成功に導く諸要素―医療機器・健康機器・衛生用品市場の参入成功実例の考察―」『日本政策金融公庫論集』第21号，pp.1-25.
20 Wuyts, Stefan, Colombo, Massio G.,Dutta, Shantanu, & Nooteboom, Bart. (2005) Empirical tests of optimal cognitive distance, *Journal of Economic Behavior & Organization*, 58(2), pp.277-302.
21 Zsófia Vas (2009) Role of Proximity in Regional Clusters: Evidence from the Software Industry, Bajmócy, Zoltán, and Lengyel, Imre. (eds), *Regional Competitiveness, Innovation and Environment*, JATEPress, Szeged, pp.162-182.

（査読受理）

地域中小企業の海外事業が
国内事業の拡大・縮小を決める要因分析

松本大学　兼村智也

1. 研究の背景と目的

「産業空洞化」の議論に象徴されるように，中小企業の海外直接投資はこれまで地域経済の発展にとって否定的な見解が多かった。しかし近年，直接投資を行う企業の方がむしろ業績がよく，売上や雇用の増大という効果を地域にもたらすという見方が支配的になってきている。これを裏付ける先行研究も少なくなく（竹内，2013；藤井，2014），さらに直接投資が企業の業績[注1]向上につながるメカニズムも解明されている（浜松，2013；山藤，2014）。しかし，これらは少数の企業事例から導かれたものである。したがって需要先産業や保有技術など異なる与条件をもつ企業にも同様にあてはあるのか不明である。筆者はこの与条件の違いによって国内業績が低迷する企業もあるのではないかという問題意識をもつ。

そこで本研究では新たなメカニズムについての追加的検討を行うとともに，一定量の企業データからこの問題意識の正当性を明示し，さらに業績向上・低迷の企業にどのような特徴があるのか，その違いはどこから生じるのかを明らかにする。これにより近年，地域経済発展の点から，その必要性が指摘される中小企業の海外進出において積極的に支援すべき「企業像」が明確になるなど政策的含意にもつながる。

2. 先行研究と分析枠組み・視点

2.1 先行研究

海外事業[注2]が国内事業に及ぼす効果には，海外拠点を設立したことによって

国内拠点の業績の向上につながる「直接的」な効果と，海外事業を契機に国内の営業力，技術力などが向上するなど別な要因に影響を与え，その後，国内拠点の業績向上がもたらされる「間接的」な効果に分けられる（浜松，2013）。しかし，間接的効果を外部から測定するのは容易ではない。そこで，ひとまず直接的効果に限定して議論を進めると，その際，海外事業が国内事業の業績向上につながる効果のメカニズムとして以下の三点が指摘されている（浜松，2013）。

① 営業拠点機能

海外で知り合った顧客やその紹介先との新規取引が，国内で新たに始まる場合である。海外では技術・納期などの理由で対応困難な生産品が，これまで取引のなかった顧客から国内に舞い込む。

② グローバル受注

①と同様に海外では対応困難，あるいは顧客の都合などにより海外事業の一部，具体的には開発，設計，生産準備など海外の量産にかかる仕事（以下，支援業務とする），もしくは部品発注が自社の海外拠点や顧客から舞い込む。

③ 利益移転

「海外拠点で上げた利益を，配当や技術使用料として国内拠点へ分配」（浜松翔平，2013，p.89）される。

2.2 分析枠組み

以上，先行研究をみたが，③については企業業績の向上には貢献するものの，国内の仕事の増加，すなわち地域経済の発展につながるかどうかは不明である。これに対して①は「海外を起点に仕事が発生」，②は「海外の仕事の一部が発生」と置き換えられ，国内の仕事増加につながる。

加えて先行研究の指摘にはない次のようなケースも考えられる。すなわち現行の生産品が海外移管されたが，その移管先に自社の生産拠点をもつため，これに代わる新規の仕事を顧客から受注することである。こうした顧客による「代替生産品が発生」も海外拠点の存在が国内既存顧客からの受注を呼び込むケースといえる。

これら三つが国内の仕事を増やすケースとして考えられ，先に保留した間接的効果を含む海外事業から「直接的効果を受けていない」ケースと合わせると，海外事業の国内事業への効果は以下のように四つに分類・設定できる。

・パターンＡ：代替生産品が発生

・パターンB：海外を起点に仕事が発生
・パターンC：海外の仕事の一部を代替
・パターンD：直接的効果（パターンA～C）を受けていない

　本研究では，これらの効果による国内売上への貢献をみるが，このA～Dの効果は恒久的なものではない。現地の発展動向などによって増減したり，場合によっては消失（以下，効果消失とする）したりすることも考えられる。これによって国内売上への寄与も変わるが，ここではその変化を含めた長期的な売上のトレンドに注目する。パターンA～Dの効果により，国内売上が増加（横ばいを含む）トレンドにある場合を「プラス」，減少トレンドの場合を「マイナス」とする。これにより，海外売上が上位であっても国内売上のプラスはあり，逆に国内売上が上位であってもA～Dの効果が減少している場合はマイナスとなる。

2.3　仮説と分析視点

　その際，プラスとマイナスの違いを決めるのは企業の与条件であり，具体的には下記①～⑥が考えられる。

① 需要先との関係

　需要先産業，その海外生産の進展度，生産品にみるモデルチェンジ（更新需要）の頻度，需要先が製品開発業務を行う国などである。

② 生産品・技術との関係

　地域企業の生産品と技術，海外で対応困難な技術や納期，技術移転の難易度や生産品にみる労働集約性などである。

③ 進出形態との関係

　直接投資には市場・資源獲得型（以下，獲得型とする）と国内生産代替型（以下，代替型とする）があり，獲得型は外延的な企業成長を目指すプラスサム投資で，本国側の生産拡大に寄与する。一方，代替型は国内生産・輸出を海外生産に代替するゼロサム投資で，国内生産活動に縮小させるとの指摘がある（深尾・袁，2001；天野，2005）。

④ 進出歴との関係

　一般的に，進出歴が長いほど経営の現地化や技術移転が進展すると考えられる。また国内事業への影響も，時間の経過とともに現地の技術力などが向上し，変化していくことが考えられる。

⑤ 進出国・拠点数との関係

進出国の調達環境や人材の良否，輸入関税の高低，また拠点数などである。
　⑥　経営者の属性との関係
　経営者の年代やキャリア，現地駐在状況などである。
　本研究では海外進出する中小企業を特定地域から選び出し，そこにみられる効果のパターン，国内売上のトレンドを把握する。そのうえで各パターン，売上トレンドごとにグループ化し，前記①～⑥を分析視点としながらグループ内に共通する与条件を見出す。

2.4　調査対象地域の選定・実施方法

　その際の特定地域であるが，ここでは長野県及びその中小企業[注3]を取り上げる。同県には前項2.3の①が一通り揃い，そのバランスも全国のそれに近い[注4]。また豊富な①に応える②も揃っており[注5]，海外進出[注6]の件数も地方としては多い[注7]。そのため③もみられる[注8]。中小企業の進出は1980年代後半から始まり現在も継続中であり，しかもアジア各国にみられるなど④，⑤もみたす[注9]。⑥についても経営者の年齢構成のバランスもとれている[注10]。

　本研究は同県中小企業を対象に①～⑥を中心にデータの収集を行うが，その方法としてはヒアリング調査を採用する。本研究のように求めるサンプル数が一定量必要になる場合，アンケート調査がより効率的な方法となるが，設問が一律的とならざるをえない。加えて本研究でのデータ収集，とりわけ国内売上のトレンド把握の際には以下2点への留意が必要になる。一つに，ここでの売上とは通常のそれとは異なり，仕事量の代理変数，すなわち生産及びそれに付随する業務（開発・設計や試作など）を指し，仕事の伴わない売上は排除する必要がある[注11]。二つに，国内事業の売上は海外事業のみで規定されるものではなく，したがってその他の要因についても可能な限り，取り除く必要がある。収集するデータに信憑性を求めるには回答者を経営者に限定する，それに加えて上記の2点について十分な説明をしながら回答を得ることが必要となる。それにはヒアリング調査が最も有効な方法と判断したからである。

3.　分析結果

　調査の結果，39社[注12]のデータを収集した。それらをA～Dのパターンごとに分け，さらに進出時期の順に並べた一覧を表1に示した。同表を参照しながらA

地域中小企業の海外事業が国内事業の拡大・縮小を決める要因分析　　87

表1　分析対象となる企業データ（39社）

	企業コード	所在地	従業員数(名)		売上高(億円)		①需要先		②生産品	②技術	③進出形態	④進出時期	⑤進出国・拠点数	パターン			
			国内	海外	国内	海外	国内	海外						A	B	C	D
パターンA	A1	諏訪市	55	600	12	48	情	他	他・部	切	1	1998/05/13	中国/中国/台湾	×			
	A2	松本市	127	70	35	8	農	農	金部	ブ・部	1	2008	タイ	○			
従業員・売上小計		182	670	47	56												
パターンB	B1	諏訪市	90	270	30	10	時/医	製	他・部	ブ・切・研・表・組	0	1992/2015	中国/フィリピン	×			
	BC1	飯田市	100	600	10	10	自/電	製	金部・製	型・ブ・成	1/1/1	1994/2002/04/05	タイ/フィリピン/中国/中国		○		
	BC2	上田市	180	650	36	12	モ	モ	ブラ・部	型・ブ・成	0/0	1994/2013	中国/ベトナム		○		
	B2	岡谷市	40	200	12	24	自	製	製	切・組	1	1995	タイ	○			
	BC3	岡谷市	54	60	10	3	自/情/他	製	治工具	切	1	2001/03	フィリピン/中国		○		
	BC4	佐久市	50	25	6	2	自	電	治工具	付	1	2009	タイ		○		
	BC5	須坂市	8	20	2	1	電/自	自	金部	切	1	2014	ベトナム		○		
	B3	須坂市	45	30	4	1	産	産	金部	切	1			○			
従業員・売上小計		567	1,855	110	141												
パターンC	C1	富士見町	15	150	1	7	電	産/自	変圧器・部	組	1/0	1989	中国			×	
	C2	茅野市	20	700	15	50		—	配6器・部	ゴ・部	1	1991/06/2003	中国/中国			○	
	C3	茅野市	170	500	50	21	自/他	自/他	ゴ・部	型・ブ・成	0/1/1	1994/2004/04	フィリピン/タイ/中国/タイ	済			
	BC1	飯田市	100	600	10	10	自/電	自	コイル・部	組	1/1/1	1994/2002/04/05	タイ/フィリピン/中国/中国			○	
	C4	小諸市	23	100	4	8	産	自	金部	組立・鋳物・付属品	1	1994/2012	タイ/中国			○	
	BC2	上田市	180	650	36	12	モ	モ	金・ブ・部・製	型・ブ・成	0/0	1994/2013	中国/ベトナム			×	
	BC3	岡谷市	40	200	12	24	自	情	ブラ・部	型・ブ・成	1	1995	タイ			○	
	C5	坂城町	15	330	2	15	電/情/医	電	ブラ・部	型・ブ・成	0	1997	タイ			○	
	C6	下伊那郡	100	650	28	40	情/自/他	自	治工具	成・表・組	0/1	1998/2007	フィリピン/タイ			○	
	C7	諏訪郡	240	700	60	30	自	自	治工具	型・ブ	1	2002	タイ	済			
	C8	諏訪市	180	130	40	10	情/自/力	力	金・部・部	成	1	2003	中国			○	
	C9	茅野市	80	60	20	8	自	自	金部	型・ブ	1	2004	タイ			○	
	C10	安曇野市	30	60	5	3	自	全	金部	型・ブ・成・組	1	2005	タイ			○	
	C11	佐久市	120	280	23	12	カ/自	カ	ブラ・部	型	1	2007	タイ			○	
	BC4	佐久市	50	25	6	2	自	電	治工具	付	1	2007	タイ			○	
	C12	岡谷市	150	650	15	6	全	全	金部	切	1	2009	タイ			○	
	BC5	須坂市	8	20	2	1	電/自	自	金部	切	1	2011	タイ			○	
	C13	諏訪市	250	110	50	5	自/力/情	自	金部	型・ブ	1/0	2011	タイ			○	
	C14	坂城町	65	20	14	2	カ/自	力	金・製・部	成	1	2012	中国			○	
	C15	岡谷市	60	30	10	6	自	自	金・ブ・部	型・ブ・成	1	2012	タイ			○	
従業員・売上小計		1,896	5,345	391	309												
パターンD	D1	須坂市	235	1565	32	64	電	電	金・ブ・部	型・切・研・組	1	1998/2004/11	中国/中国/ベトナム				×
	D2	茅野市	230	420	28	12	半/医・セ	自	金部	型・切・組	1/1	1995/2008	中国/ベトナム	済			
	D3	伊那市	30	700	9	25	ベ	自	金部	型	1	1995	中国				○
	D4	長野市	120	400	10	13	農	農	金部	型・切・組	1	1998/2000/04	フィリピン/中国/中国				○
	D5	塩尻市	40	150	5	5	自	自	金部	型・ブ	1	1998	タイ				○
	D6	伊那市	70	70	10	14	自/情/光/他	ブラ・部	型・切	1	2000/07	中国/中国				×	
	D7	岡谷市	20	50	5	0.6	自/電	自	ネジン・部	切/ブ	1	2001	タイ	済			
	D8	飯田市	80	170	6	12	カ/情	カ	ブラ・部	型・ブ	1/0	2002/07	中国/中国	済			
	D9	飯田市	14	2	10	10	カ/窯	カ	金部	型	1	2003	タイ	済			
	D10	諏訪市	57	80	6	2	電/自	他	金部	型	1	2005	中国				○
	D11	諏訪市	160	-	26	-	他		金部	型	1	2012/13/14	インドネシア/タイ/インド				○
	D12	佐久市	220	15	35	1.5	自/自/農	自	金部	鋳・切	1	2013	タイ				×
	D13	坂城町	60	80	10	1	建/自	建	金部	鋳・切	1	2013	中国/タイ				○
	D14	松本市	90	10	33	1	農	農	金部	熱処理	1	2013	中国				○
従業員・売上小計		1,426	3,712	230	156												
従業員・売上合計		3,693	10,087	712	535												

表中凡例

低い方に網掛け ■ 売上高 (2014 or 2015年度)

①需要先：自動車、電機電子、カメラ、光学機器、半導体、医療、ハードディスク、農機具、産業機械、情報通信機器、コネクタ、ゼロックス、モータ、時計

②生産品 (頭文字)：金属、プラスチック、ゴム、他部品、製品、ブラスト、治工具

②技術 (頭文字)：金型、切削、研磨、プレス、成形、組立、鋳物、付属品

③進出形態
1：市場・資源獲得型投資
0：国内生産代替型投資

パターンA〜D
■：プラスの影響を受ける
○：マイナスの影響を受ける
済：効果消失

(注1) パターン内の企業の並びは進出年順。
(注2) パターン入りで重複登場する企業があるため、A〜Dの小計を合計は一致しない。
(出所) ヒアリング調査より筆者作成

〜Dのパターンごとにプラス，マイナスの特徴や両者の違いについてみていく。

3.1　パターンA：代替生産品が発生

この効果がみられるのは2社，うち1社（A2）がプラス（表1の○，以下同様），1社（A1）がマイナス（表1の×）となっている。また効果消失（表1の消）も5社（B1，C3・8・11，D2）みられた。

需要先産業の海外生産比率の高低

ここでのプラス，マイナスを決める要素の一つに需要先産業の海外生産比率[注13]がある。これが低ければ，国内生産の余地が大きくなる。現在では効果消失した5社がかつてプラスを享受できたのは，その当時，需要先産業の同比率がまだ低かったためである。例えば，D2は1995年から時計部品の生産を中国に移管した。中国では後工程（研磨）を実施，前工程（切削）を日本に残し，同時にコネクタ関係の受注が可能になった。その後，コネクタも移転され，この効果は消失している。またC11は2005年からタイでカーオーディオ部品の生産を開始，代わりに国内ではカーナビ部品を受注したが，現在ではそれも海外に移管されている。これらはいずれも海外生産比率が高くなった生産品であるが，現在プラスにあるA2の国内需要先（農業機械）の海外生産比率をみると，他の需要先に比べ相対的に低い産業となっている[注14]。

更新需要の頻度

一方，マイナスとなっているA1は情報通信機器に利用される防水シートを手掛け，国内需要先から新製品を毎年受注している。これまでは，その度に先代モデル向けを自社の海外工場に移管し，国内では新モデル向けの生産が可能になっていた。その結果，海外工場は国内から移管された旧モデル向けの生産が累積的に積みあがり，一方，国内は毎年のフロー分のみの生産となった。加えて近年，新製品がでるまでタイムラグが長期化，すなわち更新頻度が少なくなり，現状に至っている。

3.2　パターンB：海外を起点に仕事が発生

この効果がみられるのは8社である。全体に占める割合は約2割と大きくないが，全てがプラスとなっている。効果消失も2社と他と比べ少なく，プラスの大きさ，効果の安定性という面で最も優れている。

需要先の差異

その8社についてみると，進出時期が早い2社（B1・BC2）の進出形態に

代替型がみられる。それでもプラスを維持できているのは，Ｂ１は半導体・医療，ＢＣ２は自動車・コネクタという海外とは異なる需要先産業を国内にもつからである。これにより海外生産による影響を回避することができる。加えて，需要先の大企業は複数の事業を展開しており，海外と異なる事業を国内にもつ。これらの事業と，２社の国内事業がつながるきっかけが海外での取引によって生じたのである。

一方，その他の６社（ＢＣ１・３～５，Ｂ２・３）の進出形態は獲得型である。うち２社（ＢＣ３，Ｂ３）は進出国での展示会をきっかけに，国内需要先と同一産業ながら外資系を含めた異なる企業からの受注を国内に呼び込んでいる。

生産品・技術による差異

国内に需要がもたらされる二つ目の理由は，生産品・技術である。残りの４社のそれをみると，ＢＣ１はプレス金型，ＢＣ４はダイカスト金型，ＢＣ５はプリント基板向け治工具，そしてＢ２は自動機といずれも海外進出の少ない生産財の分野である。海外でこれを使用した顧客が生産技術・体制の国内外の統一化・共通化を図るため国内でも導入を図るため（中小企業庁編，2012），プラスとなったのである。また国内でしか生産しない製品分野をもっていることもある。そのため，例えば自動車向けのリフレクター金型をもつＢＣ１のように海外売上が国内売上を大きく上回っていても国内はプラスとなっている。ちなみに生産財という点では，前記した進出形態が代替型のＢ１も同様で，海外が同社の自動機をＰＲする場となっている。

効果消失した２社についてみると，ここでも生産品・技術がポイントになっている。Ｄ６はプラスチック品・成形だが，同生産品・技術は同じ金型を必要とする金属品・プレスに比べて技術移転がより容易で（兼村，2013），進出時期の早さ（1995年）もあいまって金型などの現地での生産・調達が可能になったためである。もう一つのＤ８はその金属品・プレスだが，海外の需要先が情報通信機器（スマートフォン）であった。周知のとおり，同分野の市場は世界規模に広がっている。かつては国内でしかできなかった技術だったが，市場の巨大化に伴い現地で資本（設備）力をもつ台湾・韓国・中国系企業にとって代わられたためである。

3.3 パターンＣ：海外生産の仕事の一部が国内で発生

もっとも多くみられる効果で，その数は20社にのぼっている。このなかには前記したパターンＢと重複する企業（５社）も含まれている。その内容をみると特

許の関係で国内生産が求められる部品を日本から輸出するケース，つまり海外自社拠点から「継続的」に仕事が発生する企業もあるが，その数は少なく（C10のみ），圧倒的に多いのは需要先の海外生産に向けた支援業務である。需要先産業の多くは量産分野の自動車や電機電子・情報通信機器だがこれらの需要先は海外生産であっても製品開発は国内で実施されるケースが多い。そのための支援業務が国内で求められるためである。但し，これは生産立ち上げ時に生じる「スポット的」な受注で，「継続的」ではなく，したがって国内へのプラスの規模は大きくない。

進出形態による差異

そのなかで効果の影響をみると，2000年頃を境にして，それ以前（C5まで）の進出にはマイナスが多く（8社中4社），それ以降はほぼプラス（12社中11社）と分かれる。進出年に早遅によって，このような違いがみられる理由の一つに進出形態の差異があり，2000年以前は代替型が多い。マイナスの4社（C1・2・4・5）の生産品をみると，労働集約性の強い変圧器やコイルで安価な労働力活用を目的とした海外進出であった。当初は必要な部材は日本からの輸出であったが，現在ではその多くが現地化され，結果マイナスとなっている。また国内売上・生産はいずれもゼロに近く，雇用も低水準にある。特にC4・5については経営者も現地に多く常駐するなど事業の軸足を海外に置いている。

一方，プラスの4社のうち3社（C3，BC1・3），また2000年以降の進出形態では獲得型が圧倒的で，現地のプレス加工に必要な金型などが日本から輸出されている。唯一，代替型であるC13は電機電子向けのプレス部品生産が海外に移管されたため，マイナスとなっている。

生産品・技術による差異

二つに，生産品・技術による差異がある。2000年以前は変圧器，コイルに加えてプラスチック品・成形，それ以降は金属品・プレスが多い。理由は前者を特に必要とする電機電子・情報通信機器産業の進出が1990年代に顕著となり，後者を特に必要とする自動車産業の進出が主に2000年代から始まったことによる。これらは共に金型を使う量産技術だが，前記したようにプラスチック品・成形はより技術移転しやすく，既に多くが現地化されている。その結果，これまで国内から輸出していた金型が現地製作・調達されるなど国内はマイナスとなっている。

拠点数による差異

　一方，進出時期が早いプラスの3社は複数の拠点をもつ。Ｃ3はゴム部品をアジア3拠点で生産しており同社の海外生産比率は高い。その分，国内生産は減るが，これら複数の海外拠点への支援業務が国内で一括して行われるためプラスとなっている。この点，やはりアジア4拠点にプレス金型を供給するＢＣ1，および2拠点をもち精密プラスチック品と金属品を合わせた精密複合部品を供給するＢＣ2も同様である。

3.4　パターンＤ：直接的効果を受けていない

　パターンＤはＣに次いで多く，全体の3割強にあたる14社みられる。そのうちプラスは「直接的効果を受けていない」にも係らず11社あり，マイナスは3社に過ぎない。

進出国にみる特徴

　全体にみられる特徴として進出国に中国が多いことがある（9社）。理由の一つに，他国に比較して輸入関税が高いため[注15]，貿易は極力避ける，すなわち現地調達のインセンティブが高い。同時に，それをかなえる調達環境も他国に比べて良好である[注16]。二つに，現地経営を担える人材が豊富であり，かつ現地ビジネスの困難さとその積極的活用から国内と切り離した経営が選択されていることがある。

需要先にみる特徴

　14社のうち9社（Ｄ3・5・7・9～14）が当初から直接的効果を受けておらず，これらは全てプラスである。その需要先には国内外とも自動車が多い（7社）。近年，アジアでの生産を拡大させる日系自動車産業は「地産地消」と呼ばれる進出先の生産国での調達を進めている。これらの需要を取り込むには国内からの輸出ではなく，現地での生産が必要になり，当初から国内外の生産を切り分けているためである。

　残りの5社は効果消失からパターンＤに至ったが，うち2社が効果消失でもプラスになっている。これらは比較的早い時期から進出しており，これまで海外と異なる需要先を国内で見出している。Ｄ2は従来の時計，コネクタを海外に移すとともに，国内ではそれに代わる微細加工技術をベースとした半導体，セラミック，医療機器分野での受注を拡大してきた。逆にＤ4では当初，国内と同様だった海外の需要先を農機具から自動車に変えることで，海外との違いを打ち出して

きた。

一方，マイナスとなった3社について，D1も進出は早いが国内の需要先，生産品は基本的に変わっていない。当初は日本から供給していた金型だが（パターンCに該当），その後，中国に生産技術の移転を進めた結果，2000年頃から現地生産・調達が可能になった。国内生産品も次々と移管され，これによりプラスがマイナスに転じている。残りの2社（D6・8）については前項3．2の「生産品・技術による差異」で記した通りである。

生産品・技術にみる特徴

その生産品・技術について，プラスの11社をみると金属品・切削が多い。理由は加工データと近年の高度化された設備があれば，要求された精度の実現が基本的に可能になることがある[注17]。同じ金属加工でもプレスと異なり金型が不要である。そのため，パターンCにみるような国内からの金型供給が不要となり，国内への依存，すなわち国内へのプラスの影響がなくなる。

経営者の属性にみる特徴

近年，特にリーマンショック（2009年）以降の特徴として，当初から国内事業と生産のうえでの関連性をもたない進出がみられる。これらは，現地企業との合弁（D11～13）という形をとり，日本より早い市場情報の入手，さらには日本では入手困難な非日系の市場情報の入手を目的としている。こうした情報を国内の生産に活かしている。これらの進出は年齢が40代で二代目以降の経営者の手によっており，D11・12の経営者については完成車メーカーなど発注側企業での勤務経験をもっている。

4．小括

以上のように，海外事業が国内事業に及ぼす効果にはプラスだけでなく，マイナスもみられる。加えて前項の分析結果（表2参照）を通じて，このプラス（表2中の○），マイナス（同×）を決めるのは企業の与条件であることがわかった。その際，注目できるのは各パターンと特定の与条件のあいだに関係性がみられることである。すなわちパターンAは①需要先，これに加えてBは②生産品・技術との関係が強い。パターンCは②生産品・技術に③進出形態，⑤拠点数との関係が加わり，パターンDはBに近く，①需要先，②生産品・技術，そして近年は⑥

表2 パターン別プラス・マイナス・効果消失にみられる特徴

	影響	企業数	顕著な特徴		影響	企業数	顕著な特徴
A	○	1	①需要先の海外生産比率が低い	パターンC	○	15	②金属品・プレス
	×	1	①更新需要の頻度が少ない				③市場・資源獲得型による進出
	消失	5	①需要先の海外生産比率が高い				⑤複数拠点をもつ
パターンB	○	8	①国内外で需要先が異なる		×	5	②労働集約性の強い生産品,プラスチック品・成形
			②生産財				③国内生産代替型による進出
	×	0	ー		消失	5	パターンDへ移行
	消失	2	②海外での競合他社の台頭	パターンD	○	11	①自動車が多い,国内外で需要先が異なる
			②プラスチック品・成形				②金属品・切削
							⑥市場情報の入手
					×	3	①国内外で需要先が一致
							②生産技術を移転

(注1) 記号表示は表1と同様。
(注2) 与条件①〜⑥は本文,表1表頭を参照。
(出所) 筆者作成。

経営者の属性との関係もみられるようになっている。このように企業がもつ具体的な与条件によって国内売上が変わってくる。したがって,これらを踏まえることで地域にとって,より効果的な中小企業の海外進出支援策も可能になる。

地域への効果という点で言えば,パターンBが最も優れていることが明らかになった。ここには現状,国内だけでも競争力を発揮できるにも係わらず,顧客の要請や経営者の先見性により進出する企業もみられる。②生産品・技術でみると,自動機,治工具,金型といった生産財を担う企業が多い。従業員規模も50名以下と比較的小さく,そのため国内での認知度も低かったが,海外進出により国内外の顧客にそれを高め,新たな外需を地域にもたらしている。規模は小さいながらも,こうした企業の進出を一層図ることが地域経済の振興にとって重要であり,そのための支援策もみられている[注18]。また,この分析を通じて一部の企業への効果が変化(パターン間を移行)していることが確認された。その際,最終的な受け皿になっているのがパターンDであるが,ここには直接的効果を受けないにもかかわらずプラスの企業がみられる。なぜ,このようなことが生じるのか,そのメカニズムを解明するのが今後の研究課題の一つである。

ところで,その変化は需要先との関係などによって個々の企業で時期が異なっている。したがって海外事業の国内事業への影響をみる際には,一律の期間で全

体を捉えるのではなく，企業ごとにみる必要性があることがわかった。

なお本研究では多くの企業データを収集したが，この点からの分析を含め，紙面の制約などからその活用は一部にとどまった。またデータから共通の与条件を見出すことを狙いとしたため，その主張も最大公約数的な表現にとどまった。今後の研究課題としてこのデータを活かし，ここでの主張をより具体的に提示していきたい。

最後に貴重なご指摘をいただいた匿名レフリーの先生方に感謝申し上げたい。また本研究は科学研究費・基盤研究（C）「地域企業における国内・外事業の関連性にかかる研究」（平成26～29年度課題番号：26380540）の助成を受けていることを付記する。

〈注〉
1 浜松（2013）は，業績を主に売上と捉え，山藤（2014）に明確な記載はないが，仕事量や取引拡大まで含めていると思われる。
2 ここでいう事業とは生産活動ならびにそれに付随する開発，設計等の活動全般を指すものとする。
3 ここでいう同県中小企業とは当該企業の主要生産拠点（ほとんどの場合，本社）が県内にある企業を指すものとする。
4 経済産業省「平成24年工業統計表」によれば，長野県機械金属系8業種の特化係数（県の付加価値構成比／全国の付加価値構成比，全国は1.0）は特定大企業（エプソン）の影響を受ける電子部品・デバイス・電子回路で3.1，情報通信機械で4.8と高いものの，中小企業が多い他6業種では金属製品1.0，はん用機械1.5，生産用機械1.3，業務用機械1.5，電気機械1.2，輸送用機械0.4と全国に近似している。また表1表頭の「①需要先」からほぼ全て分野を網羅していることがみてとれる。
5 表1表頭の「②生産品・技術」参照。
6 ここでいう海外進出は直接投資による現地生産のみならず，委託加工生産も含めるものとする。出資有無に関わらず，海外生産が国内の生産・雇用に与える影響には変わりがないためである。
7 ㈱帝国データバンク「中国進出に関する長野県内企業の実態調査」（2016年5月）によれば，中国進出企業数は47都道府県中11位（226社），同「ASEAN進出に関する長野県内企業の実態調査」（2016年7月）によれば，ASEAN進出企業数は同9位（227社）となっている。これより上位にあるのは，いずれも三大都市圏に属する都道府県であり，元々の企業数が多い。これを勘案すれば，長野県の進出企業数が地方圏のなかでは如何に大きいかがうかがえる。
8 表1表頭の「③進出形態」参照。

9 表1表頭の「④進出時期」「⑤進出国」参照。
10 信州産学官コンソーシアム・人材育成プログラム構築専門部会「長野県中小企業の人材育成に関する実態調査報告書」(平成28年3月30日)によれば，県内中小企業経営者の年齢構成は30代(5.8％)でやや少ないが，40代(21.2％)，50代(21.2％)，60代(33.9％)，70代以上(15.4％)と均等分布している。
11 例えば，自社海外工場による生産品を輸入し，それを顧客に販売した場合の国内売上はここでの売上にカウントしていない。
12 なお撤退など不適合企業も6社あったことを記しておく。
13 海外生産比率＝現地法人売上高／(現地法人売上高＋国内法人売上高)
14 一般社団法人・経済産業統計協会編『第45回 我が国企業の海外事業活動 平成27年海外事業活動基本調査(平成26年度実績)』によれば，農業機械が区分される生産用機械の海外生産比率は14.6％であり，これは輸送機械46.9％，情報通信機械30.7％に比べてかなり低い。
15 中国ではプレス金型に27％の輸入関税・増値税が付加される。
16 独立行政法人・日本貿易振興機構(ジェトロ)「2015年度 アジア・オセアニア進出日系企業実態調査」によれば，中国の調達環境は他国に比べて高いとしている。
17 そのため夜間の無人自動運転もよくみられる。
18 この種の支援の先進事例として東京都大田区がタイに設立している「オオタ・テクノ・パーク」がある。

〈主要参考文献〉
1 天野倫文(2005年)『東アジアの国際分業と日本企業：新たな企業成長への展望』有斐閣
2 兼村智也(2013年)『生産技術と取引関係の国際移転』つげ書房新社
3 竹内英二(2013年)「海外展開は中小企業にどのような影響を与えるか」『調査月報』April 2013 No.055，日本政策金融公庫pp.4～15
4 中小企業庁編(2012年)『中小企業白書』2012年版，日経印刷
5 浜松翔平(2013年)「海外展開が国内拠点に与える触媒的効果」『日本中小企業学会論集32』同友館pp.84～96
6 深尾京司・袁 堂軍(2001年)「日本の対外直接投資と空洞化」RITEI Discussion Paper Series 01-j-003
7 藤井辰紀(2014年)「中小企業の海外直接投資が国内事業に影響を及ぼすメカニズム」『日本中小企業学会論集33』同友館pp.173～185
8 山藤竜太郎(2014年)「海外事業と国内事業の両立可能性」『日本中小企業学会論集33』同友館pp.199～211

(査読受理)

中小製造企業におけるドイツ企業との強靭な取引関係の構築と顧客連結能力

東京経済大学　山本　聡

1．問題意識

　本稿の目的は「自動車部品サプライヤーとしての国内中小製造企業がどのようにドイツ企業との『強靭な取引関係（Durable Relationships with Customers, Day（1994））』を構築したのか」という問いに探索的な研究から解答を示すことである。その上で，既存研究における「顧客連結能力」（CLC：Customer Linking Capability, Hooley et al.（2005））の概念の拡張を仮説的に提示する。国内製造業はフルセット型産業構造に特徴付けられ，発展してきた。そこでは，大企業が優れた中小製造企業を部品サプライヤーとして選別，育成し，多様な部品を発注してきた。中小製造企業は大企業との垂直的な分業構造と排他的・固定的な取引の中で，事業を継続してきたのである。その結果，中小製造企業は国内製造業の国際競争力の基盤と位置付けられた。ところが，近年の国内製造業には「大手企業の海外生産・海外調達の推進と相対的な国際地位の低下」，「アジア諸国・地域の製造業の発展」，「円安による輸出誘導」といった外部環境の様々な変化が生じている（山本・名取（2014））。これらの変化に対応できず，廃業を選択する中小製造企業も多い。一方，幾つかの中小製造企業は海外企業との取引から海外市場参入を実現して，外部環境の変化を乗り越え，事業継続を果たしている。当該企業はどのようにしてそれを実現したのだろうか。本稿を貫く問題意識はこの問いにある。

　国際経営研究の領域では，企業は間接輸出，直接輸出，海外販売子会社設立，海外生産，研究開発活動の移転といった発展段階を辿って，学習・経験を蓄積し，国際化するとされる（Johanson and Vahlne（1977））。中小製造企業の多くは創業以来，全く国際化していない，もしくは間接輸出など国際化の初期ステージに

とどまっている（遠原（2012））。こうした中で，2010年6月の「中小企業憲章」，2014年6月改正の「中小企業基本法第16条」，2014年の「まち・ひと・しごと創生総合戦略」で，中小企業の海外市場参入の意義と地域の自治体・公的機関による支援の必要性が謳われた。Japanブランド育成支援事業，海外見本市・展示会出展支援，輸出有望案件支援サービス，地域間交流支援（RIT：Regional Industry Tie-Up）事業といった海外市場参入に関する政策的支援も実施されている。経済環境，政策サイドの変化に呼応して，直接輸出や直接投資による海外市場参入を志向・実現する中小企業は増加している。しかし，その数・割合はいまだ少ない（中小企業白書2014年度，p.297）。ドイツには世界有数の製造業が存在し（Som and Kirner編（2015）），世界中で尊敬の対象となり（Simon（1992）），IoTやインダストリー4.0でも脚光を浴びている。その国際競争力の源泉は自動車および自動車部品産業である（Foders and Vogelsang（2014））。日本でもRIT事業で中小製造企業とドイツ企業の取引が促されているなど，ドイツ企業は取引面から重要な存在になっているのである。以上を踏まえ，本稿では，中小製造企業がドイツ企業との取引をどのように強靭な取引関係とされるまでに継続・発展させたのかに着目する。

2．既存研究の系譜と分析視点の構築

企業の取引関係は当該国の慣行に影響を受けると指摘されている（Dore（1983））。また，企業が海外市場参入の際に直面する様々な参入障壁を総称して，「よそ者の不利益（Liability of Foreignness）」と呼び，「海外市場で操業した際に発生する費用の内，現地企業には発生しないもの」と定義される（Zaheer（1998））。すなわち，中小製造企業が海外企業との取引を志向し，緒を付けた際には当該国の顧客企業特有の取引慣行や要求に直面することになる。中小製造企業がそうしたよそ者の不利益を克服することで，顧客企業との強靭な取引関係を構築できるのである。そして，中小製造企業が海外市場参入を実現・継続する際には，様々な経営能力（Capabilities）が必要になる（Dhanaraj and Beamish（2003））。それでは，中小製造企業が海外企業と強靭な取引関係を構築するにはどのような経営能力が必要になるのだろうか。その鍵となる概念として，顧客連結能力を提示する。Day（1994）はTQM（総合的品質経営：Total Quality

Management）の概念と並行的な関係に位置するものとして，顧客の要求を的確に理解し，取引関係を構築し，維持・発展させることのできる顧客連結能力を描写した。また，企業家行動の文脈では，企業の市場志向性（MO：Market Orientation）が顧客連結能力に正の有意な影響を与えるとされる（Hooley et al.（2005））。加えて，顧客連結能力が顧客満足度の向上につながり，売上や利益の増加につながる。さらに，Rapp et al.（2010）ではMOの中でも，とりわけ顧客志向性が顧客連結能力に最も重要であることを示した。顧客志向性とは企業が顧客に関する知識を組織的に収集・共有すること，それを企業行動の基盤とすることを示す。顧客志向性の高さは顧客の潜在的な要求に，「先駆的・能動的」に対応することと密接な関係にある（Blocker et al.（2010））。加えて，顧客連結能力は部品サプライヤーと顧客企業の強靭な取引関係を分析する際に有用な視点として用いられている（Ehret（2004））。ただし，これらの議論では，中小製造企業の顧客連結能力が所与のものとされている。本稿の問題意識から言えば，中小製造企業がよそ者の不利益に直面した際に，顧客連結能力にどのような変化が生じるのか，その関係性が捨象されているのである。優れた日本の中小製造企業は下請系列関係に組み込まれながら（Brouthers et al.（2014）），その顧客連結能力の帰結として，関係的特殊技能や関係的特殊性（Dou et al.（2013）），専門加工能力（渡辺（1997））を蓄積し，国内顧客企業との取引関係を維持・継続してきた。他方，Szwejczewski et al（2005）ではドイツにおける顧客企業とサプライヤー企業の取引の特質が分析されている。山本（2016）やBartnik and Yamamoto（mimeo）も業務フローから，ドイツにおける中小製造企業と顧客企業との取引関係が日本のそれと質的に異なることを指摘した。これらの研究成果からは，中小製造企業がドイツ企業と強靭な取引関係を構築しようとすれば，当該企業の顧客連結能力にも変化が生じることが示唆される。

　以上を踏まえ，事例研究から，中小製造企業がドイツ企業と強靭な取引関係を構築する際に鍵となった企業行動を探索的に捉える。その際，顧客企業の要求に対するより直接的な企業行動に焦点を当てるため，経営者が「ドイツ企業との取引」を企図して，「直接輸出を実現したケース」を提示する。その上で，顧客連結能力に生じた変化を明らかにし，当該概念を仮説的に拡張する（図1）。既存研究では，中小製造企業が「なぜ，直接輸出を志向したのか」が分析されたり（Perks and Hughes（2008）），中小製造企業の「売上高輸出比率」（Filatotchev

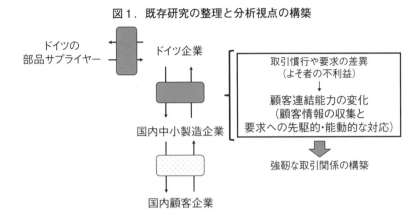

図1．既存研究の整理と分析視点の構築

and Piesse（2009）），「輸出先国数」（Zhang et al.（2016））の決定要因が分析されている。しかし，中小製造企業が直接輸出による海外企業との取引をいかに実現し，継続させ，強靭な取引関係に発展させたか，そのプロセスを分析した研究は非常に少なく，既存の中小企業研究の空隙となっている。よって，研究上の意義は大きい。

3．事例研究

本節ではまず問題意識に則り，産業を「自動車産業」に制御する。その上で，事例研究の対象として，①ドイツ企業を主力の顧客企業としている，②ドイツ企業と強靭な取引関係を構築している，③現経営陣がドイツ企業との取引経緯を初期時から現在まで回顧できる，といった条件を満たす中小製造企業を抽出した。その結果，小松精機工作所とA社の二社が選択された。当該事例企業はドイツの大手自動車部品企業B社のPreferred Supplier（最重要取引企業）に長期間，認定されている。B社は世界最大手の自動車部品企業であり，ドイツおよび世界の完成車企業を取引先とする。事例企業は国内自動車部品企業とも取引があるため，ドイツ企業と日本企業の取引がどのように異なるのかも抽出できる。事例企業に対しては，それぞれ2011年から2016年まで継続的に経営陣に聞き取り調査を実施している。その上で，ドイツ企業との取引の前段階や初期段階を回顧してもらった上で，追跡し，記録を様々な媒体でアーカイブしている。本研究では過去

表1．事例企業とインタビュー調査の概要

	小松精機工作所	A社
従業員数	240人	186人
部品	燃料噴射ノズル	燃料噴射ポンプ
ドイツの顧客企業	B社	B社
取引開始年	1992年	1995年
Preferred Supplier 認定年	2011年	2006年
インタビュー対象	小松隆史 常務取締役	A社社長
調査日程	2016年1月12日，5月17日，8月5日，10月31日	2016年4月27日，8月10日，11月15日
インタビュー合計時間	約8時間	約6時間

のインタビュー記録を参照しつつ，経営陣に対し，ドイツ企業との取引を①どのように実現したか，②どのように継続・発展させたのか，といった質問を行った。事例企業の概要と本稿に関するインタビュー調査対象，時期，時間は表1に示す。以下に，事例企業の事業概要とドイツ企業との取引経緯，ドイツ企業との取引関係における質的差異，ドイツ企業からの要求事項への対応を詳述する。

事例1．小松精機工作所
事業概要とドイツ企業との取引経緯
　小松精機工作所は創業者が1953年に（有）小松精機工作所を近隣の大手精密機械企業の協力企業として設立したのがその始まりである。当初は時計組立を手掛けていたが，生産規模の拡大と受注量の増加から徐々に時計の一貫製造体制を構築する。金型製作も含まれており，1973年には金型部門も設立している。1980年代後半に腕時計市場が飽和し，地域の大手企業が海外展開を加速させたことで同社も業態転換をする。1980年代後半から1990年代にかけてはFDD，HDD，CD，DVDなどのIT機器部品を手掛ける。しかし，2000年代にITバブルが崩壊し，現在では自動車部品，特にプレス部品と切削部品が主力の事業となった。
　小松精機工作所の供給する「燃料噴射ノズル」の世界シェアは30％超に上る。1988年にスイスの放電加工機企業の紹介で，B社へ同社から接触をした。その後，1992年に契約したが，すぐに取引は始まらなかった。しかし1998年になり，欧州

のサプライヤーが加工できないと判断したものを，小松精機工作所が加工可能と回答したことから，直接輸出を開始する。現在に至るまで取引を維持し，2011年にはPreferred Supplierに認定されている。

ドイツ企業との取引関係における質的差異

小松精機工作所では英語対応のため，現常務取締役の小松隆史氏（以下，小松常務）を英国留学させる。英語化対応が進む中で，Ｂ社にISO/QS9000の取得を示唆される。同社はISO/QS9000のマニュアルとコアツールを自社内で翻訳を行い，取得する。その後，ISO9001，ISO/TS16949も取得する。Ｂ社から図面が提供される中で，ドイツの設計者は日本のように最終組立を中心にせず，製造および加工工程を考えて図面を作成していることに気が付く。ドイツの図面に記載された寸法や公差にはそれぞれ根拠が存在し，寸法を緩めて欲しいと要望しても，「○○という理由から，受け入れられない」という理屈に則った反応が返ってくることも認識する。同じ文脈で，「完成品を良くしたければ，プロセスを良くしなければいけない」や「測定可能なものは加工できる」という考え方の下，プロセス・レビューに重きが置かれ，測定環境の整備も求められた。また，日本企業と比較して，検証も含めた受発注の業務フロー・納期が約２倍になっている。

ドイツ企業からの要求事項への対応

小松精機工作所はＢ社からの要求に以下のように対応した。一つはアカデミック・プロセスの導入である。Ｂ社との打ち合わせで相対するのは博士号を保有する技術者である。そのため，課題解決の提案などをアカデミックなプロセスに則り，理屈付けることで，ドイツ企業の担当者に理解しやすく，受容されやすくなる。小松精機工作所は2002年から物質・材料研究機構との産学連携を開始していたがより一層の深耕を図る。後述するＣ社から「部品の傷」に関するクレームがあった際は，自社の製造プロセスの中で，同じような傷が発生するのか，どのようにすれば同じような傷が発生するのか，仮説を立てて，再現実験を行うことで対応した。その結果，クレームが取り下げられた。また，国際学会で発表し，当該分野の第一人者である研究者の講評を得ることで，自社技術の世界的な位置付けを推定するようにもなった。小松常務が博士号を取得し，もう１人の博士号取得者も輩出すべく研究活動を続けている。

現在，Ｂ社調達部門からは生産計画の提示ではなく，燃料噴射ノズルの必要最大量と必要最小量の閾値が示された上で，現在の在庫量がウェブに開示されるよ

うになった。小松精機工作所はB社の燃料噴射ノズルの在庫量を確認しながら最大量以上にならず，最小量を切らさないように輸出することが求められるようになったのである。同社は当該在庫システムに対応しつつ，それを自社にもいち早く導入している。これらの施策の結果，Preferred Supplierに認定されている。

小松精機工作所は2002年〜2003年から米国企業C社とも取引をしている。その割合は低く，B社が売上全体の20〜30％を占めるのに対し，C社は5％程度にとどまる。B社は特定の設計者が長年，部品生産に関する部分まで担当しているのに対し，C社は社内分業が徹底され，設計，生産立ち上げ，発注をそれぞれの担当者が行っているし，購買関係の入れ替わりも多い。B社とC社の取引を担当していた小松常務は「B社やC社と取引することで，日本企業が米国企業の影響を多分に受けていることを感じた」，「ドイツ企業との取引で培ったアカデミック・プロセスを，米国企業や日本企業に適用して，それが良い反応を得た」，「B社とC社の取引には10年のタイムラグがあり，売上も少ないことから，経営手法に関するC社からの影響は少ない」とコメントしている。

事例2．A社
事業概要とドイツ企業との取引経緯

A社は1951年に創業した企業で，ディーゼルエンジン用の燃料噴射ポンプ部品の製造を手掛けている。創業者は戦前に理工系大学を卒業した後，マレーシアで軍属の技術者として溶鉱炉を設計し，建設を手掛けるなど，最先端の技術者だった。創業当初は旋盤加工を主に手掛けていた。当時としては先端のネジの転造加工などを導入，その後，将来性を考え研削加工を手掛け，ディーゼルエンジン用燃料噴射ポンプ部品の精密加工を通じ，国内噴射ポンプ大手のD社と事業および技術を伸長させてきた歴史を有する。現在は大学などの研究機関と太いパイプを有し，加工技術や測定技術に関する情報を吸収し，当該技術を伸長させている。また，1990年代のバブル崩壊後の新卒者の就職状況が悪化していた環境を逆手に取り，大学卒や大学院卒の若手人材なども積極的に雇用していった。

二代目・現社長（以下，A社社長）はバブルにより，日本経済先行きの見通しが暗くなる中で，B社との取引を志向し，渡独する。何度もドイツ本社の再訪を重ねるうちに，技術担当者から部品試作を発注され，「精度が欧州で製造された部品より良い」という評価を受ける。しかし，当時の欧州での商取引は期間契約

中小製造企業におけるドイツ企業との強靭な取引関係の構築と顧客連結能力　　*103*

による納入となっており，途中からの取引参入が不可能な環境であった。B社担当者は，A社の優れた技術の活用を考え，B社インド現地法人を紹介，自己努力での取引の成功を示唆された。B社への度重なる訪問から，3年越えてのことだった。A社はB社インド現地法人からの短納期要求を克服し，精度確認と耐久試験で高い評価を得た上，価格競争力を評価され，受注を獲得できた。その間もドイツへの営業を継続，数年後にはドイツ本社との取引も実現した。A社はB社との取引を深耕し，各国現地法人との取引を展開，ドイツなど欧州各国やインドなどアジア，南米の国々に直接輸出している。現在では，B社の燃料噴射ポンプの全レパートリーのポンプ部品を手掛けるまでに至った。

ドイツ企業との取引関係における質的差異

ドイツ企業との取引は「顧客からの要望・相談」から「納品」に至るまでの業務フローが日本企業に比べて，3倍以上になる。ものづくりの一つ一つの工程を確実に納得いくものにするため，数年間という時間をかける。その中で，「部品加工の際にある事象がなぜ生じるのか」，その理屈が判明するまで，開発や品質保証，技術の担当者と膝突き合わせて議論をすることになる。例えば，熱処理に関しても炉内の細部の温度分布を踏まえた上で，処理結果のばらつきをどのように抑えるかを理論立てて把握しようとする。打ち合わせの数は一年で10～12回に及び，技術担当者だけでなく，購買や流通，品質管理の担当者もその場に加わる。これらの会議以外に週に2～3回，電話ミーティングが行われている。そのため，A社にはドイツ語をはじめ英語，中国語などの堪能な人材が従事している。

ドイツ企業からの要求事項への対応

A社は1996年前後にB社技術者との打ち合わせの際，「聞いたことのない言葉」が頻繁に現れることに気が付く。そうした言葉がドイツ本社の担当者との打ち合わせだけでなく，インド現地法人との担当者との打ち合わせにも用いられていることに気が付いた。それがISOに関連する言葉だと認識し，加えて，顧客企業の担当者がISOの管理方法や基準から物事を捉えていることを認識する。当時，国内の中小企業にISOの必要性はほとんどなく，顧客企業からの要求も無かったが，A社社長はB社とのビジネスにはISOが必要と考えた。ISOを社内の管理基盤にすることを考え，ISO文献を購入，管理者全員の勉強会を重ね，1998年にISO9002を取得する。1999年にQS9000，2000年にISO14001，2002年にISO/TS16949:2002年度改訂版を取得する。2002年度改訂版は日本で最初の認証取得だった。B社の

担当者から「そんなに早く取得しなくてもよい」と言われる中で，A社社長は「部品サプライヤーの方が先取りして，顧客の要望を捉える」，「顧客の要望にISOの方法で対応できれば我々も楽である」と考えた。同時に，それまで手掛けていた事業の幾つかをA社の向かうべき方向を踏まえて，整理した。加えて，加工対象とする材料や精度の範囲を狭め，経営資源の集中と技術の研鑽に努めた。

A社は高度な精密加工を支える基盤とするために，最先端の測定機器の投資を増加させていく。また，国立大学の測定に関する研究室と産学連携を進め，技術力の向上を図った。顧客からの新たな要求を受けた際，当該部品を図面と照らし合わせながら，様々な部位を正確に計測する。その上で，顧客企業の技術者と測定技術と測定器のレベリングを行うのである。こうした蓄積から，A社が行う特殊加工の品質管理に関して，B社に測定方法を提案し，受容された実績もある。以上を踏まえ，2006年にA社はB社のPreferred Supplierに認定された。

4．事例の解釈

事例から，「どのようにドイツ企業との強靱な取引関係を構築したのか」を解釈する。前提となるのは，ドイツ企業との取引関係の特質である。ドイツ企業との取引には，①「顧客からの要望・相談」から「納品」に至るまでの業務フローが長い，② 顧客企業の技術担当者や品質管理担当者との打ち合わせが頻繁になされる，③ ①，②にアカデミック・プロセスと品質規格の重視が入れ子になっている，といった特徴が介在することが示唆された（表2）。これらは中小製造企業にとってのよそ者の不利益だとも言える。小松精機工作所やA社ではドイツ企業との取引に必要とされる知識を収集しながら，顧客企業の潜在的な要求・要望に「先駆的・能動的」に対応していった。その上で，下述するように，ドイツ企業向けに顧客連結能力を変化させ，ドイツ企業との強靱な取引関係を構築していった。

まず，小松精機工作所は経営陣の一人である小松常務がB社との取引に専従で対応している。A社も既存事業を整理している。両社ともに相応の経営資源をドイツの顧客企業との強靱な取引関係構築のために注ぎ込んだことが示唆されている。小松精機工作所ではドイツ企業との取引の第一歩として，小松常務をB社担当と位置付け，英国留学させた上で，産学連携も開始する。その結果，小松精機

表2．事例から見るドイツ企業との取引における特質

業務フローの長さ	日本の顧客企業の2～3倍以上
顧客企業に対する対応	技術者・品質管理担当者との頻繁な打ち合わせ （1年で10～12回）
アカデミック・プロセスの重視	技術者が博士号を保有 寸法や交差に根拠が存在 測定や再現実験の重視
品質規格の重視	ISOの重視

工作所にアカデミック・プロセスの搬入がなされる。B社の要求に対して，アカデミック・プロセスに則った再現実験を援用して，対応するようになったのである。その後，小松常務は国際学会に参画することで世界における位置付けと優位性を認識しながら，自社技術を伸長させる。A社も測定器への投資に傾注するとともに産学連携も開始している。最終的に，両社とも品質管理に関する課題解決の提案が顧客企業に受容されるまでに至る。この過程で，修士や博士の人材を獲得，育成するようにもなった。また，小松精機工作所，A社ともにドイツ企業との取引の中で認証取得に傾注している。ISO9000やISO9002から自動車産業向けの品質認証であるISO/TS16949まで，国内同業者と比較して，相対的に迅速に取得していった。事例企業は顧客であるドイツ企業の要求を組織的に収集した。そして，産学連携や測定機器に裏打ちされたアカデミック・プロセスや，ISO取得による品質管理の規格化された知識が顧客の要求を的確に理解し，取引関係を維持・発展させると認識し，先駆的・能動的な行動から外部から搬入した。すなわち，事例企業はドイツ企業との取引に付帯するよそ者の不利益を克服するための顧客連結能力を変化させたのである。その結果，Preferred Supplierへの認定というかたちで，ドイツ企業との強靭な取引関係を構築したのだと解釈できる。

5．結論と残された課題

中小製造企業が海外企業との取引関係をどのように維持・発展させたのか，そのプロセスの分析は既存の中小企業研究の空隙になっていた。本稿では事例研究から，中小製造企業がドイツ企業と強靭な取引関係を構築する際に鍵となった企

業行動を探索的に明らかにすることを企図した。その際，顧客連結能力やその周辺概念であり，企業家行動とも関連する顧客志向性や先駆性・能動性を分析視点とした。事例研究からは，① 事例企業がドイツ企業との取引における質的差異を認識したこと，②「産学連携や測定機器に裏打ちされたアカデミック・プロセス」や「ISOから得られる品質管理に関する規格化された知識」を顧客の要求の理解と取引関係の維持・発展に必要なものとして認識したこと，③ 経営資源の集中と先駆的・能動的な企業家行動から，②を外部から獲得したこと，④ その上で，ドイツ企業との取引に付帯するよそ者の不利益を克服するための「新たな」顧客連結能力を形成したこと，が示された。事例企業はPreferred Supplier認定までに10数年から20年間の時間を掛けている。言い換えれば，事例企業は長期間のLearning by doing（Salomon and Myles（2005））の結果，新規顧客としてのドイツ企業と強靭な取引関係を構築できるよう，それまで自社が有していた顧客連結能力を変化させたとも表現できる。これは既存研究における顧客連結能力の概念の拡張に関する仮説的提示となる。以上の知見をまとめたものが図2である。

なお，事例企業のドイツの顧客企業はB社と同一である。そのため，事例企業の顧客連結能力がB社に対してのみ有用なものなのか，それともドイツ企業一般に対して有用なのか，本論文中では明示的には識別されていない。こうした部分をどのように解釈し，一般化につなげていくことも重要な課題になる。これら

図2．事例の解釈のまとめ

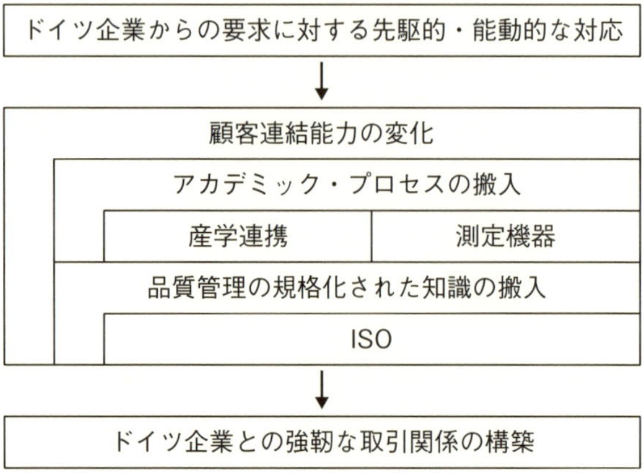

ドイツ企業からの要求に対する先駆的・能動的な対応

↓

顧客連結能力の変化
アカデミック・プロセスの搬入
産学連携 / 測定機器
品質管理の規格化された知識の搬入
ISO

↓

ドイツ企業との強靭な取引関係の構築

を本稿の残された課題と今後の研究目標として提示する。

(謝辞) 本論文はJSPS科研費16K17176「中小・小規模企業の国際的アントレプレナーシップと地域公的機関活用モデル」および東京経済大学個人研究助成費16-27の助成を受けた成果の一部である。

〈参考文献〉

1 Bartnik and Yamamoto (mimeo) "Lean toolmaking? Process and project coordination in automotive tool production: comparison of specialized toolmakers"
2 Blocker, C. P., Flint, D. J., Myers, M. B., and Slater, S. F. (2011). Proactive customer orientation and its role for creating customer value in global markets. *Journal of the Academy of Marketing Science*, Vol.39,No.2, pp.216-233.
3 Brouthers, L. E., Gao, Y., and Napshin, S. , 2014. Keiretsu centrality—profits and profit stability: A power dependence perspective. *Journal of Business Research*, Vol.67,No.12, pp.2603-2610.
4 中小企業庁 (2014)『中小企業白書2014年度版』
5 Day, G. S. (1994). The capabilities of market-driven organizations. the *Journal of Marketing*, Vol.58, No.4, pp.37-52.
6 Dhanaraj, C., and Beamish, P. W. (2003). A resource-based approach to the study of export performance. *Journal of Small Business Management*, Vol.41,No.3, pp.242-261.
7 Dore, R. (1983). Goodwill and the spirit of market capitalism. *The British Journal of Sociology*, Vol.34,No.4, pp.459-482.
8 Dou, Y., Hope, O. K., and Thomas, W. B. (2013). Relationship-specificity, contract enforceability, and income smoothing. *The Accounting Review*, Vol.88,No.5, pp.1629-1656.
9 Ehret, M. (2004) . Managing the trade-off between relationships and value networks. Towards a value-based approach of customer relationship management in business-to-business markets. *Industrial Marketing Management*, Vol.33, No.6, pp.465-473.
10 Filatotchev, I.,and Piesse, J. (2009). R&D, internationalization and growth of newly listed firms: European evidence. *Journal of International Business Studies*, Vol.40,No.8, pp.1260-1276.
11 Foders, F., and Vogelsang, M. M. (2014). Why is Germany's manufacturing industry so competitive?. *Kiel Policy Brief*, IfW, No.69.
12 Hooley, G. J., Greenley, G. E., Cadogan, J. W., and Fahy, J. (2005). The

performance impact of marketing resources. *Journal of Business Research*, Vol.58,No.1, pp.18-27.
13 Johanson, J., and Vahlne, J. E. (1977). The internationalization process of the firm—a model of knowledge development and increasing foreign market commitments. *Journal of International Business Studies*, Vol.8,No.1, pp.23-32.
14 Perks, K. J., and Hughes, M. (2008). Entrepreneurial decision-making in internationalization: Propositions from mid-size firms. *International Business Review*, Vol.17,No.3, pp.310-330.
15 Rapp, A., Trainor, K. J., & Agnihotri, R. (2010). Performance implications of customer-linking capabilities: Examining the complementary role of customer orientation and CRM technology. *Journal of Business Research*, Vol.63,No.11, pp.1229-1236.
16 Salomon, R. M., and Shaver, J. M. (2005). Learning by exporting: new insights from examining firm innovation. *Journal of Economics and Management Strategy*, Vol.14,No.2, pp.431-460.
17 Simon, H. (1992). Lessons from Germany's midsize giants. *Harvard Business Review*, Vol.70,No.2, pp.115-123.
18 Som, O., and Kirner, E. (2015). Low-tech Innovation. Springer International Publishing.
19 Szwejczewski, M., Lemke, F., and Goffin, K. (2005). Manufacturer-supplier relationships: An empirical study of German manufacturing companies. *Internation Journal of Operations & Production Management*, Vol.25,No.9, pp.875-897.
20 遠原智文（2012）「企業の国際化理論と中小企業の国際化戦略」額田春華・山本聡編『中小企業の国際化戦略』同友館，pp.9-28
21 渡辺幸男（1997）『日本機械工業の社会的分業構造：階層構造・産業集積からの下請制把握』有斐閣
22 山本聡（2016）『ドイツの金型企業調査報告書』（一財）金型技術振興財団
23 山本聡・名取隆（2014）「国内中小企業の国際化プロセスにおける国際的企業家志向性の形成と役割」『日本政策金融公庫 総合研究所 論集』Vol.23, pp.61-81
24 Zaheer, S. (1995). Overcoming the liability of foreignness. *Academy of Management Journal*, Vol.38,No.2, pp.341-363.
25 Zhang, X., Ma, X., Wang, Y., Li, X., and Huo, D. (2016). What drives the internationalization of Chinese SMEs? The joint effects of international entrepreneurship characteristics, network ties, and firm ownership. *International Business Review*, Vol.25,No.2, pp.522-534.

（査読受理）

中小企業診断士のキャリア志向と職務満足

大阪経済大学　遠原智文

1．はじめに

　本研究の目的は，中小企業診断士のキャリア志向の特性と，そのキャリア志向と職務満足との関係がどのようになっているのか，を解明するための一環として，探究的な考察を行うことである[注1]。

　中小企業診断士とは，中小企業支援法（昭和38年7月15日法律第147号）第11条に基づいて，経済産業大臣が登録する資格である。具体的には，「中小企業の経営資源に関し適切な経営の診断および経営に関する助言（経営診断）に従事する者」である。この資格は，実務家に人気がある。日本経済新聞社と日経HRが共同で実施した「ビジネスパーソンを対象に新たに取得したい資格」についての調査（日本経済新聞：2016年1月12日）では，中小企業診断士は前年の第6位から首位へと躍り出ている。とはいえ，中小企業診断士は，そう簡単に取得することができない資格である。試験には1次と2次があるが，それぞれの合格率が約20％であり，ストレートで合格する割合は約4％となっている。

　その資格取得の動機は，「プロコン[注2]」として独立開業するか，経営全般に関する知識を習得することで自己啓発やスキルアップを図るというものに大別できる。しかしながら，遠原（他）（2016）は，独立開業している割合は，2割から3割に過ぎず，残りは「企業内診断士[注3]」として，既存の所属先にとどまっているとともに，かなりの割合が民間の大企業に所属していると指摘している。ここで，中小企業診断士と一括りにしても，プロコンと企業内診断士では，そのキャリア・デザインにおいて，資格取得の背景となっている価値観が違うのか，それとも違わないのか，という問題意識がでてくる。

　また，中小企業診断士は，上述のように難関資格であるとともに，実務家に人気がある資格である一方で，世間における認知度は決して高いものではない。こ

のため，中小企業診断協会本部は，中小企業診断士のブランディング戦略に取り組んでいる。このような現状において，どのような価値観を持っている中小企業診断士が，職務満足を得ているのか，という，もう1つの問題意識がでてくる。

2．先行研究

　実務家に人気のある資格である中小企業診断士であるが，彼らに関する学術的な研究は非常に限られている。例外としては，川村（2013，2015）と遠原（他）（2016）がある。中小企業診断士でもある川村（2013）は，企業内診断士へのインタビュー調査に基づいて，彼らを活用するためのスキームの提示を行っている。また川村（2015）では，プロコンに対するインタビュー調査を通じて，彼らの撤退とリアリティショック（自分の理想と現実とのギャップ）との関係について分析している。一方，遠原（他）（2016）は，中小企業診断士全般に対するインタビュー調査を踏まえて，中小企業診断士（とくに企業内診断士）の現状と課題について明らかにしている。しかしながら，これらの研究は中小企業診断士のキャリア志向そのものに深く踏み込んではない。

　一方，職務満足は，産業心理学において古くから研究されてきた。そして，職務満足に影響を与える要因として価値観などの個人要因が，環境要因とともに，重視されてきた（島津（2004））。また職種的には看護師を対象とした研究が盛んであり，日本でも病院看護師の職務満足に関する研究は，1983年から2010年までで246件にもなっている（平田・勝山（2012））。そして坂口（2002）といった看護師研究の中で，キャリア志向と職務満足は取り扱われることが多い。

　しかしながら，中小企業診断士に類似する職種に関するキャリア志向と職務満足を分析している研究がある。それは，コンサルティング会社に勤務する経営コンサルタントに関する三輪（2011）で，①専門性や創造性が高いだけでなく，自由や大きな裁量権もあわせ持つ「専門自律職志向」は，仕事の成果も満足度も高めている，②「社会貢献志向」は満足度に影響を与えている，ということが明らかにされている。しかしながら，コンサルティング会社に所属する中小企業診断士が中小企業診断士全体に占める割合は，非常に限られている[注4]。よって，中小企業診断士全体のキャリア志向の特徴としてとらえるには限界がある。

3．アンケートの概要

そこで，上述の問題意識に答えるために，本稿では，筆者も参加した兵庫県中小企業診断士協会HRM研究会が実施したアンケート調査の結果について分析することとする[注5]。アンケート調査は，同協会実施の理論政策更新研修でのチラシ配布による告知とHRM研究会員による個別の依頼によって，回答依頼を行った（実施期間：2015年10月1日～31日）。回答者数は125人（平均年齢47.5歳）で，男性が113人，女性が12人であった。最終学歴は，92.8％が大卒以上で，大卒が89人，大学院卒（修士号）が27人となっている。職業は，プロコンが41人（32.8％），企業内診断士72人（57.6％），その他が12人（9.6％）であった。

アンケート調査の質問票は，キャリア志向の先駆的な研究であるSchein (1990)のキャリア・アンカーの分類と質問項目をベースに作成されている。キャリア・アンカーとは，「自覚された才能と動機と価値の形」であり「個人のキャリアを導き制約し安定させかつ統合するのに役立つ」ものである（Schein (1978), 邦訳, p. 146）。そして，Schein (1990)に倣って，40項目の質問に，「1．全然そう思わない」から「6．いつもそう思う」の6件法で回答を求め，どのキャリア・アンカーに相当するかを導き出している。なお，各質問項目には，組織に所属する者を対象とする内容が多く含まれているが，プロコンの大半も独立以前は組織に所属していた中小企業診断士である。よって，組織から独立した者と組織に留まっている者との違いの有無を確認するために，同じ質問項目を使用している。

また，職務満足の評定方法は，「現状の仕事内容や処遇に対する満足度」に対して，「1．大変不満」から「6．大変満足」の6件法で回答を求めた。

4．アンケートの分析

4.1　中小企業診断士のキャリア・アンカーの分布

表1の上段（全体）は，各回答者で最高点がつけられているキャリア・アンカーの分布である。10％以上の分布があるキャリア・アンカーをみると，TF，SV，EC，LS，CHとなっている。なお，プロコンと企業内診断士の間で，ECとLSは分布が大きく異なっている。

上記のキャリア・アンカーについて説明すると，以下のとおりである。①TFは，

表1 キャリア・アンカーの分布

n=125

		TF	GM	AU	SE	EC	SV	CH	LS	複数
全体		21%	4%	4%	6%	14%	19%	11%	14%	7%
	プロコン	20%	0%	2%	2%	22%	24%	7%	7%	15%
	企業内診断士	21%	6%	5%	7%	10%	17%	13%	18%	4%
1,000万以上		5%	14%	5%	5%	5%	29%	5%	19%	14%
	プロコン	0%	0%	0%	0%	20%	0%	20%	0%	60%
	企業内診断士	6%	19%	6%	6%	0%	38%	0%	25%	0%
500万以上，1,000万未満		23%	2%	2%	7%	16%	16%	18%	13%	4%
	プロコン	33%	0%	0%	0%	17%	42%	8%	0%	0%
	企業内診断士	20%	2%	2%	9%	16%	9%	20%	16%	5%
300万以上，500万未満		17%	6%	11%	6%	6%	22%	11%	17%	6%
	プロコン	0%	0%	0%	0%	17%	33%	17%	17%	17%
	企業内診断士	25%	8%	17%	8%	0%	17%	8%	17%	0%
300万未満		57%	0%	0%	14%	0%	0%	0%	14%	14%
	プロコン	40%	0%	0%	20%	0%	0%	0%	20%	20%
	企業内診断士	100%	0%	0%	0%	0%	0%	0%	0%	0%

(注1) それぞれのキャリア・アンカーの名称は，以下のとおりである。
 ① 専門・職能別コンピタンス（Technical/Functional Competence，TF）
 ② 全般管理コンピタンス（General Managerial Competence，GM）
 ③ 自律・独立（Autonomy/Independence，AU）
 ④ 保障・安定（Security/Stability，SE）
 ⑤ 起業家的創造性（Entrepreneurial Creativity，EC）
 ⑥ 奉仕・社会貢献（Service/Dedication to a Cause，SV）
 ⑦ 純粋な挑戦（Pure Challenge，CH）
 ⑧ 生活様式（Lifestyle，LS）
(注2) 年収別では，未回答者23人は含まれていない。
(出所) 本アンケート調査に基づき筆者作成。なお，以下の表も同様である。

自分が得意としている専門分野や職種を認識しており，自らのキャリア・デザインをその領域内だけで限定して選択するので，全般管理者になることに価値を置くことはない人々である。②SVは，何らかの形で世の中をよくしたいという欲求に基づいて，キャリアを選択し，自らの価値観を仕事の中で体現化する人々である。③ECは，自らの手で新しい成果を生み出すことを試してみたいという欲求を保有する起業家的な人々である。④LSは，個人の欲求，家族の要望，自分のキャリアの要件のバランスをうまくとり，統合することで，キャリアの生活様式全体との調和を目指す人々である。⑤CHは，専門分野にこだわらずに，自己を試す機会として，挑戦的な仕事に携わることを重視し，不可能と思えるような障害・問題の克服・解決，難敵への勝利に価値を見出す人々である。

 表1の下段は，年収別での分布である。なぜ，年収別に注目するかというと，

中小企業診断士の資格取得をしても，独立しない最大の理由が，収入に関するものだからである[注6]。10％以上の分布があった5つのキャリア・アンカーについてみてくと，全体で一番分布が多い年収層は，TFでは300万未満，SVでは1,000万以上，ECでは500万以上〜1,000万未満，LSでは1,000万以上，CHでは500万以上〜1,000万未満となっている。

次に，プロコンをみると，一番分布が多い年収層は，TFでは300万未満，SVでは500万以上〜1,000万未満，ECでは1,000万以上，LSでは300万未満，CHでは1,000万以上である。一方，企業内診断士で一番分布が多い年収層は，TFでは300万未満，SVでは1,000万以上，ECでは500万以上〜1,000万未満，LSでは1,000万以上，CHでは500万以上〜1,000万未満となっている。

以上のことから，一番分布が多い年収層の分布には，以下のような傾向がみられる。中小企業診断士全体とプロコンおよび企業内診断士の間で，TFは300万未満と同じである。またSV, EC, CHは，ある程度の年収がある層（500万以上〜1,000万未満と1000万以上）に分布している。一方，LSは中小企業診断士全体および企業内診断士とプロコンの間で異なる結果となっている。

4.2　中小企業診断士のキャリア・アンカーと職務満足

続いて，キャリア・アンカーと職務満足の関係についてみていく[注7]。まず質問項目のうち，回答傾向が偏っている項目の有無について分析を実施した。その結果，天井効果（回答が上限に偏っている状態）とフロア効果（回答が下限に偏っている状態）の生じているものが，それぞれ8項目，1項目あったため，以降の分析からは除外した。

分析にあたっては，Scheinが設定した40の質問項目のうち分析除外項目が9項目と多かったため，①「Scheinの8分類に倣って，キャリ・アンカーと職務満足との関係を分析する方法」と②「分析対象となった31項目を対象に因子分析を行って抽出された因子と職務満足との関係を分析する方法」との2種類で実施し，その結果を比較することとした。

①「Scheinの8分類に倣って，キャリ・アンカーと職務満足との関係を分析する方法」

まず，キャリア・アンカーとそれを構成する質問項目に対して，主成分分析と

表2 キャリア・アンカーを構成する尺度に対しての主成分分析ならびに信頼性分析

キャリア・アンカー	質問項目	因子固有値	クロンバックのα
LS	08. 家族とともに楽しみにしていることが犠牲になってしまう仕事に異動させられるぐらいなら、その組織をやめた方がましだ。 32. マネジャーとして高い地位につくことよりも、自分の個人的な生活と仕事生活の両方をうまくバランスさせるほうが大切だと思う。 40. 自分個人や家族の関心事にあまりマイナスの影響がないような仕事の機会をいつも求めている。	1.79	0.659
CH	07. 難題を解決したり、とてつもない挑戦課題にみまわれた状況を打破したりできるようなキャリアをめざす。 15. 非常に難しい挑戦課題に直面し、それを克服できたときにこそ、キャリアがうまくいきそうだと感じる。 23. 一見解決不可能と思われた問題を解決したり、どうにもならないような局面を打開したとき、最も大きな充実感を感じる。 31. 自分の問題解決能力、競争に打ち勝つ能力をフルに生かせる挑戦機会を求めている。 39. ほとんど解決できそうもない問題に挑戦できるということは、マネジャーとして高い地位につくことよりももっと大切である。	3.117	0.844
SV	06. 社会に本当に貢献できていると感じられるときにこそ、キャリアがうまくいきそうだと感じる。 22. マネジャーとして高い職位につくことよりも、自分の技能を生かして少しでも世の中を住みやすく働きやすくする方が、もっと大切だと思う。 30. 人類や社会にほんとうの貢献ができるキャリアをめざす。 38. 他の人びととの役に立つために能力を発揮することができないような配属を拝受するぐらいなら、その組織をやめたいと思う。	1.869	0.604
SE	04. 自由や自律を勝ち取るよりも、将来の保障や安定を得ることが、自分にとってはより重要なことだ。 12. 安定した職務保障もなしに仕事に配属させられるくらいなら、すっぱりとその組織を離れるだろう。 20. 将来が安定していて安心感のもてる会社での仕事を求めている。 28. 収入面、雇用面で完全に保障されていると感じられるときに、最も大きな充実感を仕事に感じる。 36. 将来が保障され安心感をもって仕事に取り組めるようなキャリアをめざす。	2.865	0.788
AU	11. どのような課題をどのような日程と手順でおこなうのか、について自分の思いどおりになるとき、最も大きな充実感を仕事に感じる。 19. 完全な自律や自由を獲得したときにこそ、キャリアがうまくいきそうだと感じる。 27. 将来が保障された安心なことよりも、規則や規制にしばられず、自分のやりたいように仕事できるチャンスが大切だと思う。 35. 自律して自由に行動できないような仕事につくくらいなら、そんな組織はやめてしまう。	2.061	0.681
TF	17. ゼネラル・マネジャー（部門長）になるよりも、自分の専門職能分野で上級マネジャーになる方が、より魅力的に感じられる。 25. 自分の専門領域からはずれてしまうような人事異動をローテーションとして受け入れるくらいなら、むしろその組織をやめる。	1.172	0.293
GM	10. 複雑な組織を率い、大勢の人びとを左右する意思決定を自分で下すような立場をめざす。 18. 何らかの組織でゼネラル・マネジャー（部門長）の立場で仕事をするときにこそ、キャリアがうまくいきそうだと感じる。 26. 今の自分の専門職能領域で仕事を続けるより、ゼネラル・マネジャーとして仕事をする方が魅力的だと思う。	2.447	0.848
EC	05. 常に自分の事業を起こすことができそうなアイデアを探している。 13. 他人の経営する組織でマネジャーとして高い職位につくことよりも、むしろ自分の事業を起こすことを重視する。 29. 自分自身の生み出した製品やアイデアで何かを創り出し、軌道にのせたときこそ、キャリアがうまくいきそうだと感じる。 37. 自分自身の事業を起こし、それを軌道にのせることをめざす。	2.717	0.826
自己効力感	21. 自分自身のアイデアと努力だけによって何かを創り上げたときに、最も大きな充実感を感じる。	1.118	―

表3 因子分析 因子毎の回帰分析結果

	回転後の因子行列 a								クロンバックのα
	因子								
	1	2	3	4	5	6	7	8	
31. 自分の問題解決能力，競争に打ち勝つ能力をフルに生かせる挑戦機会を求めている。	0.745	0.034	0.046	0.111	0.02	0.291	0.119	0.063	0.826
15. 非常に難しい挑戦課題に直面し，それを克服できたときにこそ，キャリアがうまくいきそうだと感じる。	0.693	0.228	-0.04	-0.11	0.175	0.218	-0.05	0.122	
07. 難題を解決したり，とてつもない挑戦課題にみまわれた状況を打破したりできるようなキャリアをめざす。	0.686	0.107	-0.09	0.101	0.187	0.088	-0.01	0.025	
23. 一見解決不可能と思われた問題を解決したり，どうにもならないような局面を打開したとき，最も大きな充実感を感じる。	0.683	0.016	0.014	0.019	0.181	0.405	-0.01	0.01	
39. ほとんど解決できそうもない問題に挑戦できるということは，マネジャーとして高い地位につくことよりももっと大切である。	0.605	-0.2	-0.03	-0.09	0.042	-0.029	0.027	0.206	
06. 社会に本当に貢献できていると感じられるときにこそ，キャリアがうまくいきそうだと感じる。	0.41	-0.08	-0.11	0.212	0.106	-0.081	0.036	0.323	
18. 何らかの組織でゼネラル・マネジャー（部門長）の立場で仕事をするときにこそ，キャリアがうまくいきそうだと感じる。	0.098	0.854	0.083	-0.13	-0.12	-0.035	-0.05	0	0.847
26. 今の自分の専門職能領域で上級マネジャーになるよりも，ゼネラル・マネジャー（部門長）として仕事をする方が魅力的だと思う。	0.12	0.813	0.093	0.067	-0.08	-0.002	-0.01	-0.13	
17. ゼネラル・マネジャー（部門長）になるよりも，自分の専門職能分野で上級マネジャーになる方が，より魅力的に感じられる。	0.257	-0.74	0.018	0.108	0	0.186	0.102	-0.07	
10. 複雑な組織を率い，大勢の人びとを左右する意思決定を自分で下すような立場をめざす。	0.264	0.657	0.082	-0.07	0.095	0.047	-0.07	0.06	
22. マネジャーとして高い職位につくことよりも，自分の技能を生かして少しでも世の中を住みやすく働きやすくする方が，もっと大切だと思う。	0.436	-0.6	-0.2	0.139	0.058	-0.049	0.035	0	
20. 将来が安定していて安心感のもてる会社での仕事を求めている。	-0.06	0.091	0.888	-0.04	-0.16	-0.041	0.013	-0.02	0.807
36. 将来が保障され安心感をもって仕事に取り組めるようなキャリアをめざす。	0.114	0.074	0.787	-0.07	-0.18	0.055	0.081	-0.01	
28. 収入面，雇用面で完全に保障されていると感じられるときに，最も大きな充実感を仕事に感じる。	0	0.148	0.655	-0.13	-0.11	0.135	0.166	-0.14	
04. 自由や自律を勝ち取るよりも，将来の保障や安定を得ることが，自分にとってより重要なことだ。	-0.07	0.077	0.607	-0.18	-0.06	0.116	0.11	0.022	
27. 将来が保障された安心なことよりも，規則や規制にしばられず，自分のやりたいように仕事ができるチャンスが大切だと思う。	0.335	-0.02	-0.5	0.253	0.226	0.356	0.06	0.013	
12. 安定した職務保障もなしに仕事に配属させられるくらいなら，すっぱりとその組織を離れるだろう。	-0.04	-0.19	0.37	0.245	-0.04	-0.102	0.081	-0.04	
35. 自律して自由に行動できないような仕事につくくらいなら，そんな組織はやめてしまう。	-0.01	-0.07	-0.22	0.798	0.127	0.07	0.184	0.028	0.798
38. 他の人びとの役に立つために能力を発揮することができないような配属を呈与するぐらいなら，むしろ退職を選ぶ。	0.09	-0.08	-0.16	0.769	0.087	0.055	-0.02	0.203	
25. 自分の専門領域からはずれてしまうような人事異動をローテーションとして受け入れるくらいなら，むしろその組織をやめる。	0.049	-0.06	0.018	0.709	0.136	0.081	0.213	-0.13	
37. 自分の事業を起こし，これを軌道にのせることをめざす。	0.213	-0.02	-0.31	0.197	0.836	0.085	0.018	-0.05	0.849
05. 常に自分の事業を起こすことができそうなアイデアを探している。	0.261	0.013	-0.2	0.071	0.74	0.138	0.026	0.062	
13. 他人の経営する組織でマネジャーとして高い職位につくよりも，むしろ自分の事業を起こすことを重視する。	0.04	-0.14	-0.31	0.308	0.555	0.181	-0.05	0.042	
21. 自分自身のアイデアと努力だけによって何かを創り上げたときに，最も大きな充実感を感じる。	0.135	-0.04	0.144	0.023	0.105	0.561	0.016	0	0.668
11. どのような課題をどのような日程と手順で行うのかについて自分の思い通りになるとき，最も大きな充実感を仕事に感じる。	0.419	-0.04	0.115	0.106	0.015	0.534	0.081	-0.05	
19. 完全な自律や自由を獲得したときにこそ，キャリアがうまくいきそうだと感じる。	0.096	-0.2	-0.19	0.415	0.21	0.507	0.035	0.174	
29. 自分自身の生み出した製品やアイデアで何かを創り出し，軌道にのせたときこそ，キャリアがうまくいきそうだと感じる。	0.306	0.123	-0.15	-0.01	0.39	0.457	0.213	0.157	
08. 家族とともに楽しみにしていることが犠牲になってしまう仕事に異動させるぐらいなら，その組織をやめた方がましだ。	-0.21	-0.08	0.141	0.117	0.201	-0.011	0.783	0.13	0.659
40. 自分個人や家族の関心事にあまりマイナスの影響がないような仕事の機会をいつも求めている。	0.153	-0.07	0.129	0.108	-0.03	0.135	0.588	-0.05	
32. マネジャーとして高い地位につくことよりも，自分の個人的な生活と仕事生活の両方をうまくバランスさせるほうが大切だと思う。	0.287	-0.37	0.198	0.097	-0.1	-0.037	0.445	-0.09	
30. 人類や社会にほんとうの貢献ができるキャリアをめざす。	0.369	0.039	-0.06	0.065	0.018	0.095	0.011	0.806	—

因子抽出法：主因子法　回転法：Kaiser の正規化を伴うバリマックス法
a. 9 回の反復で回転が収束した。

表4　プロコンと企業内診断士の職務満足度の差の検定

区分	平均値	プロコンと企業内診断士の差	Levene 検定		t 検定（等分散を仮定しない）			
			F値	有意確率	t値	自由度	P値	平均の差
プロコン	4.522		2.827	0.095	3.475	105.988	0.001	0.673
企業内診断士	3.848							

　信頼性分析を実施して内的整合性を確認した。その結果が，表2である。主成分分析では，ECのみ2因子構造を示したが，他は全て1因子に収束した。0.6以上を分析対象とした信頼性分析では，TFは信頼性係数のαが0.293と極端に低く，分析から除外することとした。また因子固有値と信頼性からみると，① GM，AU，SE，SV，CH，LS は，1因子に収束し，信頼性も許容範囲であった。また② TFは，1因子に収束したが，信頼性が低いため以降の分析から除外した。加えて，③ECは，質問項目21のみ独立した因子として検出されたため，「自己効力感」という独立した項目とした。

　そして，キャリア・アンカーと職務満足度との関連を調べるために，TFを除いた7つのキャリア・アンカーおよび「自己効力感」を独立変数とし，質問項目の「現状の仕事内容や処遇に対する満足度」を従属変数として，回帰分析を実施した。個別の単回帰分析で統計に有意な結果となったのは，CHのみであり，5％有意水準で因果関係が存在していた。よって，CHをキャリア・アンカーとする中小企業診断士の職務満足は高いことになる。

　②「分析対象となった31項目を対象に因子分析を行って抽出された因子と職務満足との関係を分析する方法」

　質問項目全体を対象とした因子分析を実施し，改めて抽出された因子毎に回帰分析を行った結果として，表3の8因子が検出された。そして，信頼性分析によって内的整合性を確認した。なお，質問項目17，22，27は，高い因子負荷量を示しているものの，マイナスの負荷量を示しているので，逆転項目として取り扱うこととした。その結果として，各因子ともα係数が0.6以上あり，内的整合性は高いものであった。よって，各因子の特徴を鑑みて，第1因子は「純粋挑戦志向型」，第2因子は「マネージャー志向型」，第3因子は「保障・安定志向型」，第4因子は「専門職組織人志向型」，第5因子は「独立志向型」，第6因子は「自律志向型」，第7因子は「ワークライフバランス型」，第8因子は「社会貢献型」と命名した。そうしたうえで，先ほどと同じように，質問項目の「現状の仕事内容や処遇に対する満足度」を従属変数として回帰分析を行った。

個別の単回帰分析で統計に有意な結果となったのは，第1因子の「純粋挑戦志向型」と第8因子の「社会貢献型」であり，それぞれ5％有意水準で因果関係が存在することが証明された。なお，全ての変数を投じた重回帰分析では有意な結果が得られなかった。

以上の主成分分析，因子分析を踏まえると，CH（純粋な挑戦）および「純粋挑戦志向型」，「社会貢献型」のカテゴリーに属する中小企業診断士の職務満足は高いという結果になった。

なお，「現状の仕事内容や処遇に対する満足度」に関する項目では，プロコンと企業内診断士との間で回答の平均値に差があったため，t検定を行って統計的に有意な差かどうかの確認を行った。その結果として，プロコンの職務満足度の方が，0.1％の有意水準で高くなっていた（表4）。よって，企業内診断士の職務満足度は，プロコンのそれよりも低くなっているといえる。

4.3　考察

表1の上段（全体）でみたように，キャリア・アンカーの分布は，プロコンでも企業内診断士でも，TFとSVが20％前後と共通していた。大きく異なっていたのは，ECとLSである。ECは，早くから起業（独立）して，新しいことに挑戦をしたいと考えている人々である。よって，中小企業診断士として組織から独立したプロコンには，ECが多くなると考えられる。一方，LSは，自分の都合にあわせた働き方ができる限りにおいて，組織のために働くことに積極的な人々である。よって，組織に所属し続けている企業内診断士に，LSは多くなるといえる。

次に年収別で，最も分布が多い年収層の興味深い傾向としては，プロコンと企業内診断士の双方で，ある程度の年収層（500万以上〜1,000万未満，1,000万以上）に，SV，EC，CHが相当の割合で存在していることである。中小企業診断協会(2005)によると，プロコン（業務日数が100日以上）の年収は，平均で約740万である[注8]。また501万〜800万以内が19.6％と最も多く，801万〜1,000万以内の13.4％とあわせると，約3分の1を占めている。さらに，1,001万〜1,500万の16.3％も加えると，5割弱にも達するので，プロコンとして活躍している人たちの半数が，この年収層となる。SV，EC，CHのプロコンは，経営診断・支援を通じて中小企業の役に立ちたい，もしくは程度の差はあれ，新しいことや難しいことに挑みたいと考えて，組織から独立して中小企業診断士の業務に従事してい

る。よって，その業務へのコミットメントは強く，その結果として，ある程度の年収を得ていると考えられる。

　一方，企業内診断士は，そのかなりの割合が大企業に勤務しており，その年収は比較的高いものとなる。その中で，中小企業診断士という資格の主旨を踏まえると，中小企業のために貢献したいと考えるSVが存在することは想像に難くないであろう。また難関資格である中小企業診断士に，新しい成果を生み出したり，己を試したりするための一環として，挑むというECやCHが一定の割合で存在していると考えられる。ただし，彼らは，収入の不安定化・減少を危惧して，独立はしていない。

　最後に，キャリア・アンカーと職務満足の関係であるが，CHおよび「純粋挑戦志向型」，「社会貢献型」のカテゴリーに属する中小企業診断士の職務満足が高かった。この結果は，組織に所属する必要性の違いが影響しているのではなかろうか。プロコンと企業内診断士の双方で，ある程度の年収層にSV，EC，CHが多く分布している。このうち，SVとCHは組織に所属しながらも追求できる部分が多い一方で，ECはそれが少ない。すなわち，SVには世の中をよくしたいという欲求が具体化できるような仕事を，CHには自己を常に試すような機会が組み込まれた仕事を，組織は提供することができる。しかし，新しいことを起こし，独り立ちしたいという自律の欲求を持つECには，組織ができることは多くないであろう。よって，ECの中小企業診断士には，その独立志向にもかかわらず，組織に留まっている企業内診断士が含まれているので，職務満足が高まっていないのではなかろうか。

5．おわりに

　本研究は，中小企業診断士のキャリア志向の特性と，それと職務満足との関係について分析してきた。その結果として，以下の3つの特徴を明らかにした。まず中小企業診断士のキャリア・アンカーには，プロコンと企業内診断士の間で，ある程度の年収があり，SV，EC，CHをキャリア・アンカーとする人の割合が多いという興味深い傾向がある。また，キャリア・アンカーと職務満足の関係で統計的に有意な結果となったのは，「CH（純粋な挑戦）／純粋挑戦志向型」，「社会貢献型」であった。ただし，職務満足度は企業内診断士の方が低い。このよう

な発見事実を明確にすることで，中小企業診断士のキャリア志向という未踏の地に歩を進めたことは，本稿の最大の貢献といえる。

とはいえ，本稿にはプロコンと企業内診断士の間での職務満足度の差の解明という課題が残されている。この職務満足度の違いは，所属先は辞めない（辞められない）ものの，中小企業診断士として社会で専門能力を発揮したい，という企業内診断士がそれなりの割合で存在していることに起因している可能性がある。実際，我々のインタビュー調査（遠原（他），2016）でも，「社内での評価ができないなら，せめて社外での活動に対する理解が欲しい」「社内の評価はそもそも求めていないので，社外での活動を認めてほしい」という声が少なくなかった。すなわち，純粋な挑戦や社会貢献を社外で試みてみたいというものである。

しかしながら，副業禁止の規定がこれを阻んでいる。実際，2014年の中小企業庁の調査では，社内規定で副業を認めている企業は，わずか14.7％にすぎない。このような状況のなか，企業内診断士の活用方法に関連する新しい動きがみられる。それは，政府の経済財政諮問会議が会社員の副業促進を促進する方針を固めていることである。これは，高い技能や就労意欲を保有する社員が外部労働市場に積極的に進出することで，働き手不足の解消を図ることを目指すものである（日本経済新聞：2016年3月10日）。

これに呼応する流れとしては，ロート製薬の「社外チャレンジワーク制度」がある。2016年2月に制定した同制度は，他社やNPOなどで働ける副業制度であり，視野の広い人材を育成することを目的としている。60名以上の応募があり，ボランティア活動の申請だけでなく，薬剤師の資格を活かしてドラックストアで働き始めた社員もいるという（日本経済新聞：2016年2月25日・6月15日）。よって，プロコンと企業内診断士の間での職務満足度の源泉の違いの解明および企業内診断士の社外での活用方法については，今後の研究課題としたい。

（謝辞）本研究はJSPS科研費26380491の助成を受けたものです。また，第36回日本中小企業全国大会における討論者の小川正博先生（大阪商業大学），匿名レフェリーの先生方から有益なコメントを頂きました。記して感謝申し上げます。

〈注〉
1　本研究における「キャリア志向」とは，「自己概念に基づいて認識されたキャリア

の方向性，長期的に取り組みたい事柄と仕事の領域，働く上での主な目的意識」と定義する（三輪，2011, p.99）。
2　「プロコン」とは「プロフェッショナルコンサルタント」の略で，有料コンサルで生計を立てている人を指す。
3　本稿における「企業内診断士」とは，公務員，公的機関・団体等，金融機関，金融機関を除く民間企業に所属している中小企業診断士のことを指す。
4　中小企業診断協会（2011）では，コンサルティング会社勤務はわずか4.1％である。
5　本調査に先立ち，筆者らは兵庫県中小企業診断士協会主催のセミナー等に参加して，インタビュー調査を実施した。そして，そこで浮かびあがった現状と課題（問題点）について，セミナーにてフィードバックを行った。その研究成果が，遠原（他）（2016）である。経緯については，兵庫県中小企業診断士協会（2016a）に紹介されている。そうしたうえで，本調査は中小企業診断士の特性を把握するために計画された。なお，筆者らは，研究フレームワークに関する討議に参加し，アンケートシートのひな形を提示したが，調査そのものは，兵庫県中小企業診断士協会のHRM研究会によって実施された。アンケート調査の終了後，筆者らは統計的な分析を行ったうえで，HRM研究会に対して，その分析結果と考察について報告し，その一部が兵庫県中小企業診断士協会（2016b）に掲載されている。
6　中小企業診断協会（2011）でも，資格取得者のうち，「(独立の) 予定はない」人が60.9％であり，その理由としては「収入が安定しないから（19.2％）」，「現在に比べ，収入が低下するから（15.2％）」で，3分の1以上を占めている。
7　統計的な分析は，中村学園大学・前田卓雄・教授より，多大なるご協力を得た。この場を借りて，深謝の意を表したい。ただし，ありうべき誤りは全て筆者に属する。また，兵庫県中小企業診断士協会（2016b）のデータに基づいているが，本研究の内容は筆者個人に属するものであり，HRM研究会の公式的な見解を示すものではない。
8　中小企業診断協会（2011）では，年収ではなく売上を質問しているので，少し古いが，中小企業診断協会（2005）を使用している。

〈参考文献〉
1　中小企業診断協会（2005年）『データでみる中小企業診断士：中小企業診断士アンケート結果から』
　　http://j-net21.smrj.go.jp/know/s_hiroba/enquete/index.html　2017年1月10日閲覧
2　中小企業診断協会（2011年）『データでみる中小企業診断士　2011年度版：中小企業診断士アンケート結果から』
　　http://j-net21.smrj.go.jp/know/s_hiroba/data2011/index.html　2016年8月1日閲覧
3　平田明美・勝山貴美子（2002年）「日本の病院看護師を対象とした職務満足度研究に関する文献検討」『横浜看護学雑誌』5(1), pp.15-22
4　兵庫県中小企業診断士協会（2016年a）『診断ひょうご』，106号
　　http://www.shindan-hg.com/wp-content/uploads/2016/01/診断ひょうご106最終.pdf

2016年8月1日閲覧
5 　兵庫県中小企業診断士協会（2016年 b）『平成27年度「調査・研究事業」企業内での専門能力の発揮についての調査研究報告書』
　　http://www.shindan-hg.com/wp-content/uploads/2016/03/ 平成27年度調査・研究事業「企業内での専門能力の発揮についての調査研究」.pdf　2016年8月1日閲覧
6 　川村悟（2013年）「中小企業診断士（企業内診断士）の専門性発揮に関する一考察：診断報酬有償化によるサービス品質向上」『日本経営診断学会論集』13，pp.37-43
7 　川村悟（2015年）「中小企業診断士の独立開業に伴うリアリティショックの検討：撤退事例を中心に」『日本経営診断学会論集』15，pp.47-53
8 　三輪卓己（2011年）『知識労働者のキャリア発達：キャリア志向・自律的学習・組織間移動』中央経済社
9 　坂口桃子（2002年）「看護職の組織内キャリア発達：組織と個人の適合過程」『国際医療福祉大学紀要』7，pp.1-29
10　Schein, E. H.（1978年）*Career Dynamics: Matching Individual and Organizational Needs*, MA: Addison-Wesley.（二村敏子・三善勝代（訳）（1991年）『キャリア・ダイナミクス：キャリアとは，生涯を通しての人間の生き方・表現である』白桃書房）
11　Schein, E. H.（1990年）*Career Anchors: Discovering Your Real Values*, Jossey-Bass/Pfeiffer，（金井壽宏（訳）（2003年）『キャリア・アンカー：自分のほんとうの価値を発見しよう』白桃書房）
12　島津美由紀（2004年）『職務満足感と心理的ストレス：組織と個人のストレスマネジメント』風間書房
13　遠原智文・三島重顕・前田卓雄（2016年）「中小企業診断士の現状と課題」『経営経済（大阪経済大学中小企業・経営研究所）』51，pp.69-81

（査読受理）

中堅・中規模ものづくり企業における
ジェンダー・ダイバシティ推進の課題
―富山県を事例として―

日本女子大学　額田春華

1. はじめに

　本研究の目的は，中堅・中規模ものづくり企業におけるジェンダー・ダイバシティ推進の取り組みが，企業にとっても働く人にとってもWIN－WINの成果へとつながっていくために求められる課題を明らかにすることにある。制度の充実により従業員満足を向上させる大企業と，個別事例への柔軟な対応により従業員満足を向上させる小企業に挟まれて，中企業は推進のマネジメントが難しい微妙なポジションにあることが既存研究により指摘されてきた。

　本論文ではサービス業よりも女性の活躍推進が遅れがちであると言われてきた製造業を対象に，富山県の中堅・中規模企業[注1]を事例として取り上げ，ジェンダー・ダイバシティ推進の課題を考察していきたい[注2]。研究の方法は，筆者によるインタビュー調査の分析である。

　富山県はWLB（ワーク・ライフ・バランス）施策や男女均等施策に，日本全国に先駆けて早い時期から積極的に取り組んできた県である。そのことにより，保育園の待機児童率ゼロ，女性の高い正社員比率，年齢階層別女性労働力比率のグラフのM字の窪みの浅さなどを達成してきた。女性が子供を持っても正社員として働くことができる社会的環境づくりという意味では，北陸地域の福井県や石川県と並んで先進県である。しかしその一方で，管理的職業従事者に占める女性比率では，2010年の国勢調査の結果では47都道府県中44位という大変低い結果となっている。（額田，2016）

　本論文の構成は以下の通りである。まず第2節でジェンダー・ダイバシティ推進に関連する既存研究を整理する。第3節で富山県ものづくり企業を対象とした筆者によるインタビュー調査結果を常用従業員数「21〜50人」「51〜100人」「101

～300人」「301～999人」の4つのカテゴリーに分け，ジェンダー・ダイバシティ推進の実態を分析し，第4節で本研究をまとめる。

2．ジェンダー・ダイバシティ推進に関連する既存研究の整理

　ジェンダー・ダイバシティの推進のためには，WLB支援と男女均等推進を両輪として進めていく必要がある[注3]。ジェンダー・ダイバシティ推進の柱の一つ，WLB施策の推進と企業業績の関係については，多くの実証研究により各種のWLB施策と企業業績の間に正の相関があることが示されてきた（e.g.坂本，2002；川口，2007；武石，2006）。
　この相関関係がWLB施策の導入の結果として企業業績が高まった因果を示すのか，それとも企業業績のよい企業だからこそWLB施策導入を積極的に進めることができたという逆の因果を示すものなのかという問いは，女性活躍推進に取り組もうとする経営者にとって関心のある問いである。例えばこの因果関係についてパネル・データを活用して検証することに試みた山本・松浦（2011）の研究では，一般的には前者の因果関係は支持されず，後者の逆の因果関係によって相関関係がもたらされていることが示唆された。このようにWLB施策単体では企業業績向上へのプラスの効果は小さいが，例えば男女の均等施策や人材育成施策と同時に導入されるとその相乗効果で効果が大きくなる可能性が報告されている（山本，2014）。「WLB施策」と「男女均等施策」，またそれと深く関わる「人材育成施策」を併せて視野に入れた丁寧な質的調査により，その因果のプロセスを明らかにしていく意義が大きいと考えられる。
　また阿部正造と黒澤晶子の共同研究では，WLBに配慮した制度を導入すると短期的には企業業績が減少する方向に働くが，長期的には業績が伸びることが示されている（阿部，2014）。WLB施策導入が短期的にはむしろマイナスの効果を与えることがあるというのは，経営資源の制約の大きい中小企業にとっては特に重要な問題となる。
　中小企業においてジェンダー・ダイバシティ推進プロセスで発生している課題については，日本政策金融公庫総合研究所（2011）が主に小企業を調査対象として，また日本政策金融公庫総合研究所（2012）が小企業に加えて中規模企業も調査対象としてアンケート調査[注4]を実施し，女性従業員活躍推進の阻害要因につ

いて分析している。

　さらに中企業を他規模と比較し，中企業ならではの課題が存在することが指摘されている。中小企業庁（2006, pp.221-226）や中小企業庁（2007, pp.17-23）は，WLB支援において従業員規模が大きいほど制度の整備により対応[注5]し，規模が小さいほど制度は設けずに個別事例に柔軟に対応する傾向があること，そして大企業と小企業の間に挟まれた中企業における従業員満足が低下するU字型の傾向が観察されることを指摘する。また日本政策金融公庫が国内の中小企業及び大企業で働く20歳から59歳までの女性就業者を対象に実施したインターネットによるアンケート調査[注6]でも，「職場の雰囲気」「仕事のやりがい」「柔軟な働き方」「能力の発揮」「技能の習得」等の項目で小企業よりも中企業の女性従業者の満足度が低い結果となった（深沼・野中，2012）。

　中企業ならではの課題については松井（2013）が，日本政策金融公庫中小企業事業の融資先8280社に対して実施したアンケート調査[注7]の結果を用いて女性活躍推進の阻害要因を，小企業と比較しながら整理した。中企業で回答が多かった要因は，第1位が「仕事と家庭の両立の難しさ」，第2位が「経験・意欲の不足」，第3位が「代替要員の不足」であった。WLB支援に関係する「仕事と家庭の両立の難しさ」「代替要員の不足」とともに，男女均等に関係する「経験・意欲の不足」が指摘されている。中企業において松井が「経験・意欲の不足」にグループ分けした回答の中では，「女性が就ける職種が限られている」（37.5％），「活躍を望む女性が少ない」（25.4％）の回答が多い。女性が従事する職種の拡大が進んでいないことや，責任ある仕事を引き受け役職へも挑戦していくことへの女性の意欲の小ささが，WLB関連の課題とともに指摘されている。「WLB支援」とともに，「職域の拡大」と「役職への登用」も中企業での課題分析の重要な視点となる。

　ここで事例として用いる富山県のジェンダー・ダイバシティ推進に関連する既存文献を整理しておこう。男女共同参画推進に力を入れてきた富山県は独自にさまざまなアンケート調査を実施し，実施状況の実態をとらえるための報告書を出している。その報告書の中で示されたアンケート調査結果を用いて富山県の女性活躍推進の課題を論じたものとして石黒（2014）があるが，ポジティブ・アクションのさらなる推進の重要性を唱え，厚生労働省が提示したポジティブ・アクションの5つの取り組みを紹介する結論にとどまっている。富山県のさまざまな企業

に実際に足を運んで質的調査をベースに分析したこの分野の研究はない。

　このような状況の中で筆者は富山県製造業の中堅・中小の地場企業25社（常用従業者規模999名以下）において各社の人材活用に関わる責任者または経営者1～2名へのインタビュー，及び女性従業員2～5名へのインタビューを2014年3月から2016年3月にかけて実施した。2016年3月までの調査先25社の内，本稿では常用従業者規模20名以下の2社を除く23社における調査結果を用いる。この23社の業種，地域，従業者規模は表1に示す分布であり，女性従業員72名と人材活用に関わる責任者または経営者30名への半構造的インタビューを実施した。規模別と職場のタイプ別での女性従業員の人数の内訳は表2に示すとおりである。次の第3節ではこのインタビュー調査結果を規模別に整理しながら，分析を進めていきたい。なおインタビュー先は，富山県経営者協会[注8]の会員企業の中から選定した。製造業ならではの課題をとらえるために，女性が「事務的職場」だけにしか配置されていない企業は候補から外して選定している[注9]。

　ジェンダー・ダイバシティ推進関連に関する質的調査の成果は，女性が活躍している好事例の分析・紹介としてまとめられたもの（e.g. 経済産業省，2012；日本政策金融公庫総合研究所，2011, 事例編）が大部分である。本研究の特徴は，まとまった数のインタビュー調査により匿名性を確保し，また基本的に女性従業員へのインタビューの際には経営者や人事責任者には退席いただいて，話し手がダイバシティ推進のプロセスで生じている矛盾や課題を含む本音を語りやすい状況

表1　インタビュー企業の概要

業種	化学2社，金属製品7社，非鉄金属1社，電子部品・デバイス・電子回路1社，プラスチック1社，生産用機械器具5社，電気機械器具3社，はん用機械器具1社，繊維1社，食品1社
地域	富山市12社，富山市以外の東部地域6社，西部地域5社
従業者規模	21～50人7社，51～100人7社，101～300人4社，301～999人5社

出所）筆者作成

表2　インタビューした女性従業員の規模別・職場のタイプ別の人数

	研究開発型職場	ものづくりの現場型職場	事務的職場	計
21～ 50人	1	11	6	18
51～100人	3	14	7	24
101～300人	0	9	5	14
301～999人	6	3	7	16
計	10	37	25	72

出所）筆者作成

をつくりつつ，時間をかけた丁寧な半構造的インタビューを実施したことにある。

このような富山県でのインタビュー調査結果を用いながら，中堅・中規模企業におけるジェンダー・ダイバシティの実態について，「WLB支援」，男女均等に関係する「職域の拡大」「役職への登用」の3つの視点を中心に，またこれらが企業業績に正の効果を生むために同時に進めることが効果的であることが既存研究で指摘されている「人材育成」視点に配慮しながら規模別分析をおこない，推進プロセスで生じる課題を整理していきたい。

3．規模別の分析

【WLB支援】

WLB支援に関しては，各社の女性従業員の「柔軟な働き方」への満足度で各社の達成度合いを見てみる。各女性従業員に「かなり満足」（2点），「やや満足」（1点），「やや不満」（-1点），「かなり不満」（-2点）の4段階で「柔軟な働き方」への満足度を評価してもらい，企業ごとにその評価の平均値を計算した。平均値が-2以上-0.7未満を「柔軟な働き方へ大変不満足」，-0.7以上0.7未満を「中程度」，0.7以上2以下を「柔軟な働き方へ大変満足」の企業へと分類した（表3上段参照）。分布を規模別に見比べると，既存研究で大企業，小企業双方に比べてU字型で満足度が下がる傾向にあると言われている中企業の中でも，特に「101～300人規模」の評価が他の規模層よりも悪い結果となっている。

柔軟な働き方についての平均値が「大変満足」であった企業では，なぜ女性たちの満足度が高かったのか。第1の理由は，WLBに関係する制度が使いやすいことである。家族が急な病気になり保育園や介護施設からお迎えの連絡が入ったときに職場の上司や仲間が温かい言葉がけといっしょに気持ちよく帰してくれたり，有給休暇をとりやすい雰囲気があったり，看護休暇制度など中小企業で認知度が低くなりやすい制度の周知に力を入れていたり，また社内の制度や地域の支援制度の詳細の情報交換が部署を越えて社内で活発におこなわれていたりする場合に，女性たちの評価が高かった。

第2の理由は，一般的な富山県でのライフスタイルのモデルを想定してつくられている制度の枠組みからはみだす特殊状況に個人が直面したときに，柔軟な個別対応による配慮がおこなわれていることである。特殊状況に対応してもらって

表3　富山県中堅・中規模インタビュー企業の規模別ジェンダー・ダイバシティ推進の状況

	21～50人規模 (計7社)	51～100人規模 (計7社)	101～300人規模 (計4社)	301～999人規模計 (計5社)
【柔軟な働き方への満足度】				
大変不満足（-2以上～-0.7未満）	0社	0社	0社	0社
中程度（-0.7以上0.7未満）	3社(M, T, Y)	3社(F, G, V)	3社(A, C, E)	2社(B, I)
大変満足（0.7以上2以下）	4社(P, Q, R, X)	4社(L, N, O, U)	1社(S)	3社(D, H, J)
【女性の職域拡大】				
事務的職場に限定	0社	0社	0社	0社
ものづくり現場や研究開発的職場にも配置、しかし支援的業務に限定	2社(T, P)	0社	2社(E, S)	0社
ものづくり現場や研究開発的職場の主軸的業務を女性も担当	5社(M, Q, R, X, Y)	7社(F, G, L, N, O, U, V)	2社(A, C)	5社(B, D, H, I, J)
【女性の役職登用】				
女性管理職比率がゼロ	6社(M, P, Q, R, X, Y)	3社(N, U, V)	3社(A, E, S)	1社(I)
女性管理職比率が10％未満	0社	0社	1社(C)	1社(B)
女性管理職比率が10％以上	1社(T)	4社(F, G, L, O)	0社	3社(D, H, J)

注）各欄の（　）の中のアルファベットは企業名を指す。なおインタビュー企業のうち従業者規模20名以下のK社とW社は除いて表を作成した。
出所）筆者作成

いるので，強烈なエピソードとして個人の記憶に残り，会社への感謝の気持ちやロイヤリティが高い。「21～50人規模」「51～100人規模」では，この第2の理由に関するエピソードを多数の女性社員が語ったが，それ以上の規模では同種のエピソードを聞くことがなかった。101人を超える規模になると，個人の事情での柔軟な配慮よりも従業員間の公平性の確保が，より重要視されるようになっていることが推測される。

　それでは柔軟な働き方についての満足度が比較的高くなかった企業では，なぜ女性たちの満足度が下がったのか。企業により理由はさまざまであったが，次の5つに整理できる。第1に，長時間残業が常態化している企業では評価が低かった。男女均等は進んでいるけれども，WLBに関する制度を使いにくい雰囲気のある企業でこの傾向が見られた。第2に，採用活動がうまくいかず人手不足の企業では評価が低かった。人手不足のために短期的な視野で目の前の仕事をこなしていくような無理した働き方をせざるを得なくなっていたり，経営者側は代替要員を確保してあげたくても確保できない状況にあったりした。以上2つの理由は，規模に関係なく生じていた。

　第3として，人手不足では必ずしもなくても，職場が個人プレーでの仕事のやり方を採っている企業でも評価が低かった。例えばC社では加工や検査の現場で仕事を複数の人でシェアしてまわしていく仕組みができていないという。誰かが休んだときに他の人が仕事を代わるためのマニュアル化も情報共有もできていな

いことが課題となっている。第4として，WLB支援に加えて男女均等推進に取り組み始めてからの歴史が浅く，新しい人材マネジメントのあり方の模索途中で社内で課題が噴出している状況にある場合に，柔軟な働き方への満足度の平均値が下がった。以上2つの理由は，51人を超える3つの階層の規模で観察された[注10]。

第5として，現場から要望が出ているのにそれを反映した制度変更がなされないことへの不満が評価を下げているケースがあった。例えば時間単位での有給の取得がないことへの不満が多くの企業で聞かれた。このような不満は100人以上の2つの階層の規模で聞かれた。従業員間の公平性の確保のために個別対応がしにくい規模だからこそ生じている不満であると考えられる。

以上のような問題の解決のためには，ライフスタイル・フレンドリーな組織文化の形成と，時間当たり生産性を高める仕事の進め方を創造し関わり合う職場へと変わっていく日常業務活動パターンの変革が，WLBに関する制度や個別対応の充実とともに求められる。

【女性の職域拡大】

女性の職域拡大については，企業を3つのカテゴリーで分類した（表3中段参照）。職場を事務的職場，ものづくりの現場型職場，研究開発型職場の3つに分類する（額田，2016）。事務的職場に女性の職域が限定されている企業は，富山県製造業企業の中でいくつもあったが，今回調査の対象からはずしたので当然該当する企業はゼロである。ものづくりの現場や研究開発型職場に女性が配置されている企業をさらに，女性の職域が支援的業務に限定されているグループと，ものづくりの現場や研究開発型職場の主軸的業務を女性にも担当させているグループに分け，後者の方が女性の職域拡大の程度が高いとする[注11]。他の規模層に比べて「101～300人規模」が職域拡大の程度が相対的に低い企業の割合が高く，それに続いて「21～50人規模」で職域の拡大の程度が低くなっている。

女性の職域拡大の程度が低くなっている企業は，なぜそうなっているのか。2つのタイプに分けられる。第1のタイプは，力仕事が必要となるからというものである（S社，P社）。例えばS社の社長は「金型製造は特殊鋼を用い重いので，現場の直接の仕事はすべて男性が担当しています」と語っている。第2のタイプは，社内の性別役割分業の意識に影響されているものである（T社，E社）。例えばT社の社長は「富山は男性優位のイメージがあり，自らもそのイメージを共有している部分もあります。…顧客に出向いて現地作業や改善を担当しているの

は男性のみです。板金や塗装も男性のみが配属されています。」と語っていた。以上２つのタイプは規模に関係なく分布していた。

第１の制約を克服する方向性を探るにあたっては，女性が現場の主軸的業務で活躍するように変わった企業が同県でも多数出てきていることが参考になるだろう。今回の調査では特に「21〜50人規模」「51〜100人規模」で，この制約の克服の好事例に数多く出会った[注12]。一方，第２のタイプで指摘された男性優位の価値観の問題は，主軸的業務を女性が担当するように変わってきた企業でも観察された。男性中間管理職と新しい視点で仕事のやり方を変えたい女性従業員との軋轢が生じていた。男性中間管理職との軋轢の問題が変革過程で現在，または過去であったという事例は，51人を超える３つの階層規模で観察された。

以上２つの問題点の解決のためには，規模に関わらず，まずはトップ・マネジメントの意識改革が必要である。規模が50人程度を越えてくると，それだけでは女性の職域拡大を進めるのは難しくなっていた。中間管理職を巻き込み，ジェンダーに関わらず能力と意欲に応じて役割分担がおこなわれる組織の新しい価値観の形成が伴わないと本格的な女性活躍の推進は，壁にぶつかるようである。

さらに主軸的業務でよい仕事ができるためには，OJTとともに，女性にも積極的に社内・社外のOff-JTに参加する機会を提供することが重要である。例えば，Q社の企画室室長は「中小企業はなかなか教育にお金を割けない問題があるが，qさんは国の助成金で教育訓練を受けることができた。その機会がなかった他の女性社員に比べてできる仕事の質が全然違う。」と語っていた。

【女性の役職登用】

女性の役職登用については各企業の現状を，管理職に占める女性比率[注13]で規模別に整理した（表３後段参照）。表を見ると他の規模に比べて「21〜50人規模」と「101〜300人規模」で女性管理職比率が低い。この２グループの規模で女性管理職比率が低い理由は，根本的に異なる。

「21〜50人規模」では組織構造が単純で，組織に必要な管理職の数が限られる。またしばしば社長の親族が役員となっている。したがって女性に限らず一般従業員で管理職になる門が非常に狭い。逆に親族の女性が１人，２人役員に入っているだけで，女性管理職比率の値が跳ね上がる[注14]。

「101〜300人規模」では，女性管理職比率の低い理由は３つのタイプに整理できる。第１は，ものづくりの現場・研究開発型現場で主軸的業務を担っている女

性がいないことに加え，女性の多い事務的職場でも男性が管理職を担う慣習が続いてきた企業である（E社，S社）。「女性の職域拡大」がうまくいかないことが，管理職になる女性が育たない根本原因となっている。第2は過去の女性リーダー登用の失敗の影響で女性の役職登用に長い間慎重になった影響で，管理職候補になる女性たちの係長登用が50代半ばと遅くなり，女性管理職の誕生を次の世代まで待たなければならない例である（A社）。第3は，WLB支援と男女均等促進に取り組み始めてからの歴史が浅く，係長には複数の女性を登用できているが，一般の従業員出身の女性管理職が育っていない例である（C社）。

　それでは管理職女性比率が比較的高い「301～999人規模」と「51～100人規模」ではなぜよい数字が出ているのか。「301～999人規模」のD，H，J社は3社とも男女均等推進とそれに見合うWLB支援双方に10年以上長期取り組んできた経験を持つ企業である。特にD社とJ社はもともと性別役割分担がはっきりしていた企業であるが，女性の職域を拡大し，OJTだけでなく女性にも社内外のOff-JTで学ぶ機会を提供しつつ，その過程で社内の組織文化を変え，変化を組織全体へ広げてきた企業である。一方，「51～100人規模」ではF，G，L社の3社で一般社員から女性管理職が1名ずつ生まれている。この規模では管理職の数が少ないので，1人，2人女性管理職が育つだけで，管理職女性比率がすぐに10％を超える。数字は高いが，最初の1人が特別な人だからということでなく，後が継続して育つためには，各社それぞれの課題を抱えている。

　50人を超える規模では，ステップをきちんと踏めば一般従業員出身の女性管理職を増やしていくことが可能である。しかし，以上の分析より，女性の職域拡大，人材育成，それらに見合ったWLB支援の充実，これらを背後で支える組織文化の変革が求められ，これらがきちんと成果を生むには10年単位の継続的・組織的取組みが必要であることがわかる。

4．研究のまとめ

　仮説発見的なアプローチをとる以上の規模別分析を踏まえて，本研究をまとめる。第1にジェンダー・ダイバシティ推進に取り組む中堅・中規模ものづくり企業が組織変革に取り組もうとするときの全体像は図1のようにまとめることができる。インタビュー事例を整理する中で「WLB支援」「女性の職域拡大」「人材

育成」「組織文化の変革」「役職登用」が絡み合うことで，女性の活躍を伴う新しいマネジメントが達成される全体像は整理できたが，今後の課題としてこの女性の活躍を伴う新しいマネジメントが，どのような新しい経営効率の追求や新しい価値の創造を可能にするかの因果関係の最後の部分のロジックを描くことが残っている。

第2にジェンダー・ダイバシティ推進はステップを踏んだ複合的な時間のかかるものであること，またその推進のためには規模が50人程度を超えると中規模でも，トップ・マネジメントのコミットメントだけでは不十分で，中間管理職を巻きこみ組織文化の変革と日常業務活動のパターン変革を進める組織論的な対応が重要になっていることがわかった[注15]。

第3として，WLB支援に関係する「柔軟な働き方への満足度」だけでなく，男女均等推進に関係する「女性の職域拡大」「女性の役職登用」の面でも，「101～300人規模」の達成程度が，「51～100人規模」よりも「301～999人規模」よりも低い逆U字型になるという仮説が発見された[注16]。この仮設を検証する規模の大きいアンケート調査の実施も，今後の研究の課題である。

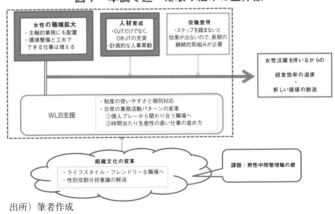

図1　本論で述べた取り組みの全体像

出所）筆者作成

（謝辞）本研究は，富山県の数多くの方々にご協力いただきながら，科学研究費助成事業（基盤研究C）の助成を受けておこなわれた。また2名の匿名のレフェリーの先生による貴重なご意見から学ばせていただいた。ここに記して感謝申し上げる。

〈注〉
1　ここでの「中堅・中規模企業」は大企業と小零細企業の中間規模の企業のことを指し、インタビュー調査をおこなった企業のうち21人から999人規模までを分析の対象とした。中小企業論の領域において中規模製造企業は、中小企業庁の定義にしたがって通常21名から300名規模を指す一方で、中堅企業とは中村秀一郎等の研究が示すように単純に規模を表す概念ではない。しかしながらジェンダー・ダイバーシティの領域と関わりの深い労働経済学や厚生労働省関係の文献では大企業を1000名以上として扱っているものが多い。本研究では労働関係の制度が1000人規模ほどは充実していないが、しかし地域経済発展の中核として重要な存在感を持つ企業群が含まれる301名規模から999名規模の企業層もあわせて分析したいと考え、上記の規模を日常的な用語の使い方との違和感が小さい「中堅・中規模企業」という用語で表現している。
2　富山県は県経済の中で製造業の占める割合の高い県である。2010年の国勢調査の結果によると、富山県では第2次産業の就業者数が33.4％（全国平均が23.7％）であり、47都道府県の中で1位の位置にある。
3　WLB施策は男女均等施策が伴わず実施されると、女性の定着率を高める一方でむしろ性別役割分担を固定化させる。（佐藤・武石、2011、pp16-18）
4　前者は、日本政策金融公庫国民生活事業が2009年11月に実施した企業のうち融資時点で開業後1年以上経過していた企業14,000社に対して、2010年8月に郵送方式で調査をおこなった。回収率は28.6％であった。有効回答票のうち従業者数19人以下の企業が88.1％、20～49人が10.0％、50人以上が1.9％を占める。一方後者は、日本政策金融公庫中小企業事業の融資先8280社に対して、2011年8月に郵送方式で調査をおこなった。回収率は35.6％であった。有効回答票のうち19人以下が25.5％、20～49人が39.2％、50～99人が20.9％、100人以上が14.4％を占める。
5　なおこの点について「小企業ではWLB支援に関する制度を充実させなくてよい」と単純に解釈すべきではない。小企業でも、育児休業制度等の整備が女性の就業継続を高めることが、大規模アンケートを用いた実証研究で示されている（労働政策研究・研修機構、2012）。
6　2011年8月にインターネットによるアンケートにより実施され、有効回答の回収率は64.4％であった。
7　上述の日本政策金融公庫総合研究所(2012)が用いたのと同じアンケート調査である。
8　富山県経営者協会は、富山経済会の要望のもとに労働問題を扱う団体として1947年に設立された団体で、475社の会員企業を持つ一般社団法人である。この会員企業からインタビュー先を選定しているため、富山県製造業企業の中でも労働問題に一般企業よりも関心の高い企業が選定されていることが推察される。
9　ランダムサンプリングで選定した調査ではないので、以下の分析は仮説検証ではなく、各事例をさまざまな角度から深く考察することによる仮説発見（e.g. Glaser・Strauss, 1967；佐藤, 2002）を目的とした分析である。今回の調査先選定の方法を鑑みると、労働問題へもきちんと取り組む意識をトップマネジメントが持っている中

堅・中規模企業が，それでも抱える課題を考察することに適した研究であると考えられる。
10　50人くらいまでの規模であれば，トップ・マネジメントの声かけと理解があれば，日常的な業務パターンの変革を伴わなくても，互いの働き方が目に見えて自然な助け合いや個別事情への対応によって問題解決できることが影響しているのではないかと推察する。
11　主軸的業務とは製品開発や設計の仕事，自らの知的熟練が求められる加工・組立・特殊検査・生産管理等の仕事を指す。支援的業務とは主軸的業務の担当者がスムーズに仕事を遂行できるよう連絡・調整・書類作成をする仕事や，主軸業務の担当者が設定した段取りや出す指示に従っておこなわれる加工・組立・生産管理のプログラム作成等の仕事，また発送される製品の包装・梱包の仕事を指す。
12　ここでの管理職女性比率は，管理職を課長クラス以上，代表者・役員を含むものとして定義し計算している。
13　ここでの観察結果より，50人以下の規模では女性活躍推進の成果を女性管理職比率で評価することは適切でないと考えられる。例えば，主軸的業務で知的熟練を発揮して活躍する女性の増加の程度などで評価すべきだろう。
14　富山県では社会保険労務士の方々が県から委託を受け，推進のための行動計画作成をサポートしてきたが，社会保険労務士の専門性を超える，組織の問題を総合的にとらえた視点からの支援が，組織文化の変革，日常の業務活動パターンの変革も併せて進めるために必要になっている。例えば，中小企業診断士の活用が考えられるだろう。
15　「101〜300人規模」で達成度合いが低いレベルになる理由として，現段階で仮説として考えられるのは，第1に100人規模までのより小さい規模に比べて柔軟な個別対応が不十分であることが重要な負の影響を与えている，第2に早い時期から積極的に取り組んだ中企業は新しいマネジメントのもとでの経営効率のアップや新しい価値の創造に成功して300人以上の規模に成長した，第3に「301〜999人規模」になると，新卒の優秀な女性をより小さな規模よりも優先して採用できてきたので，女性活躍推進を効率的に進めやすいなどがある。この点の明確化も今後の研究の課題となる。

〈参考文献〉
1．阿部正浩（2014年）「女性活用の効果」（経団連出版編（2014年）『企業力を高める：女性の活躍推進と働き方改革』pp.13〜23に所収）
2．中小企業庁（2006年，2007年，2009年）『中小企業白書』
3．中小企業庁（2007年）『中小企業における次世代育成支援・両立支援の先進事例集』
4．深沼光・野中卓人（2012年）「女性従業員による中小企業の評価」『日本政策金融公庫論集』第16号pp.1-19
5．Glaser, B. G. and A. L. Strauss, 1967. *The Discovery of Grounded Theory: Strategic for Qualitative Research*, Chicago: Aldine.
6．石黒淳子（2014年）「女性の活躍を実現するために：期待したい企業の取り組み」『北

陸経済研究』9・10月号 pp.3-23
7．川口章（2007年）「均等化施策とワーク・ライフ・バランス施策が賃金と離職行動に及ぼす影響」（『仕事と家庭の両立支援に関わる調査』JILPT調査シリーズ37号　経団連出版編（2014年）『企業力を高める：女性の活躍推進と働き方改革』経団連出版
8．経済産業省編（2012年）『ダイバシティと女性活躍の推進：グローバル化時代の人材戦略』経済産業調査会
9．松井雄史（2013年）「中企業が女性従業員の活用を推進するうえでの課題と克服策：小企業との比較を中心に」『日本の産業の再構築と中小企業（日本中小企業学会論集）』同友館pp.97-109
10．日本政策金融公庫総合研究所編（2011年）『女性が輝く小企業』同友館
11．日本政策金融公庫総合研究所編（2012年）『中小企業の女性雇用に関する実態調査：女性活躍のための取り組み』日本公庫総研レポートNo.2012-1
12．21世紀職業財団（2011年）『中堅・中小企業の経営者のための女性社員の戦力化』
13．額田春華（2016年）「富山県ものづくり企業における女性活躍の実態と課題」『日本女子大学紀要』日本女子大学家政学部63号pp.63-71
14．大沢真知子（2015年）『女性はなぜ活躍できないのか』東洋経済新報社
15．労働政策研究・研修機構（2012年）『出産・育児と就業継続；労働力の流動化と夜型社会への対応を』労働政策家入報告書No.150
16．坂本洋美（2002年）「ファミリー・フレンドリー施策と組織のパフォーマンス」『日本労働研究雑誌』503号，労働政策研究・研修機構
17．佐藤博樹編・武石恵美子編（2011年）『ワーク・ライフ・バランスと働き方改革』勁草書房
18．佐藤郁哉（2002年）『フィールドワークの技法：問いを育てる，仮説をきたえる』新曜社
19．武石恵美子（2006年）「企業から見た両立支援策の意義」『日本労働研究雑誌553号，労働政策研究・研修機構
20．富山県（2013年）『男女共同参画の推進の状況及び男女共同参画推進施策の実施の状況についての報告書：平成25年度版富山県の男女共同参画』
21．富山県ホームページ「とやま統計ワールド」http://www.pref.toyama.jp/sections/1015/index2.html（2016年11月2日参照）
22．山本勲・松浦寿幸（2011年）「ワーク・ライフ・バランス施策は企業の生産性を高めるか：企業パネルデータを用いたWLB施策とTFPの検証」，RIETI Discussion Paper Series, 11-J-032
23．山本勲（2014年）「人事・経営戦略としてのワークライフバランス」（経団連出版編『企業力を高める：女性の活躍推進と働き方改革』pp.35-45に所収）

（査読受理）

報告要旨

国内ウメ産業における和歌山県への一極集中過程の要因分析
―和歌山県と群馬県のウメ産業の比較研究―

〈報告要旨〉

大阪経済大学大学院　石田文雄

1．研究の背景と問題意識

　経済のグローバル化の進展の中で，地域産業の縮小と衰退が進行している。その中にあってウメ産業は1960年以降拡大を続けているが，その集積は和歌山県田辺・みなべ地域に一極集中の状態にある。
　梅生産の拡大には，酒税法改正を契機とする第一次拡張期（1960年代）と1980年後半から90代以降の第二次拡張期の二つの特徴的な時期があった。筆者が注目するのは，梅酒自家製造解禁で増加した青梅需要が全国的にウメ栽培を活気づけた第一次拡張期とは異なり，第二次拡張期における増加は，和歌山県のみ顕著だったことにある。和歌山県のウメ生産はその後も堅調で，ついには他産地を圧倒する競争優位を得たのである。本研究では，和歌山県のウメ産業において一極集中の要因を分析し，グローバル化に翻弄されない自立した地域産業形成の解明に貢献したいと考える。

2．研究目的と研究方法

　和歌山県のウメ産業に一極集中をもたらした競争優位の源泉が，産地内におけるウメ関連産業の集積と関連産業間の連携と結合の利益にある（橋本他 2005）（石田・遠州 2015）という仮説に基づき，全国第1位の生産量を持つ和歌山県田辺・みなべ産地と同第2位の群馬県産地の経営主体を対象にヒヤリング調査及びアンケート調査を行い，両産地における関連産業間の取引実態を比較検討する。

3．産地形成と産地構造の違い

　和歌山県と群馬県のウメ産地の形成は共に古く，1962年の酒税法改正による青

梅の需要拡大によりいずれも大きく発展した。その後の発展を牽引したのが加工業者のイノベーションであったことも共通している。すなわち1970年代に和歌山県では「かつお梅」「味梅」，群馬県では「カリカリ梅」が開発されている。

しかしその後，両産地は対照的な経過をたどった。和歌山県ではウメ加工業の集積によって「狭義のウメ産業」が早期に成立しており，ウメ専業農家による一次加工（白干ウメ）と加工業者の二次加工という分業が定着し，県内産南高梅を原料とする梅干し製造が拡大を続けた。その背景にネット収穫による収穫労働の軽減が農家の一次加工を可能にした点も重要である。その結果，加工業者の新規参入が続き，商品ラインナップの多様化と広範な関連業間の連携が進展した。

それに対し，群馬県ではカリカリ梅開発を機に漬物業からウメ加工業が生まれたものの少数にとどまり，ウメ生産農家も複合経営を継続した。ウメ生産農家と加工業者の分業は発展せず，「狭義のウメ産業」は成立しなかったのである。そして，90年代には寡占化したウメ加工業者が中国産原料ウメにシフトする中で成長力が失われ，ウメへの依存が小さい複合農家中心のウメ栽培も縮小していくことになった。

4．和歌山県一極集中の規定要因

ウメ産業の和歌山県一極集中の要因は，以下のように整理できる。

第一に，生産農家と加工業者とによる「狭義のウメ産業」が早期に成立していたことである。その背景として，以下の4点を指摘できる。① 和歌山県ウメ産業の競争力に南高梅のブランド力が貢献している。梅干原料として最適な南高梅の優良品種への選定は，ウメ加工業の存在が前提である。② 南高梅を連携の要として，生産農家は白干ウメ加工により安定的に原料供給を行い，他方，加工業者は多様な商品に二次加工する分業関係が定着した。③ 分業関係を基礎に農家，加工業者が共に受益する安定的取引関係が築かれた。すなわち農家は，一次加工と相対取引で市況に左右されない市場支配力と価格優位を得た。加工業者は，高品質の一次加工済原料を安定して確保でき，コスト削減とともに商品開発に注力する余力を得た。すなわち県内産を原料とする調味梅開発により梅干し需要の拡大が達成されたのである。④ この相互に受益する取引関係の構築には産地仲買人の存在が大きく寄与した（表1に示した「仲買人活用理由」参照）。

第二に，「狭義のウメ関連業」を基礎に流通から観光まで幅広い関連産業による「広義のウメ産業」が形成され，和歌山県産地の競争優位を磐石なものとした。

国内ウメ産業における和歌山県への一極集中過程の要因分析

表1 基礎データー・主な調査結果総括表

本研究に関わるヒアリング調査・アンケート調査の概要	和歌山県・群馬県におけるウメ栽培の特徴 (出所:聞取調査2016年5月)		
		和歌山県	群馬県

【ヒアリング調査】
調査時期:2016年5月
調査目的:
 経営主体(ウメ加工業者・同生産農家):経営及び関連業との取引実態
 関係団体(自治体・農協):ウメ産業の概況と産地形成、課題
調査対象:
 経営主体
  ウメ加工業者:和歌山県2社、群馬県2社
  ウメ生産農家:和歌山県3名、群馬県1名
 関係団体:
  群馬県:高崎市榛名支所、JAはぐくみ農協
  (和歌山県の関係団体は過年度より継続的にヒアリングを実施)
	主力作物	大粒:南高・古城、小粒:小粒南高	大粒:白加賀・梅郷、小粒:織姫・甲州最小・花香美・鶯宿

	収穫時期	青梅:6月初旬から2週間、生梅:一次加工と並行して6月末〜7月末	小粒:5月中旬から2週間、白加賀:6月初旬から2週間
	収穫方法	青梅:平地で手もぎ収穫、生梅:ネット収穫	低地部から高地部へ順に平地で手もぎ収穫
	出荷体制	青梅:JAへ、生梅:白干加工の後仲買人経由で加工業者へ	青梅でJAへ
	梅の用途	梅干原料	カリカリ梅原料
	経営形態	ウメ専業農家中心	複合農家中心(梅収穫後、桃7月、梨8〜9月に収穫)
	10a当収量	2〜3t(平均1.5t)	最大1t、蜂利用も寒さで効果小
	価格決定	農家と仲買人・加工業者の相対取引	加工業者とJAの交渉
【アンケート調査】 調査時期:2016年6月(一部7,8月に回収) 調査目的:ウメ加工業の経営実態並びに関連業との取引実態 調査対象:紀州みなべ梅干協同組合・紀州田辺梅干協同組合加盟79社 調査方法:郵送配布・自記・郵送回収 回収:56社(回収率:70.9%)	和歌山県・群馬県におけるウメ加工業の経営事例 (出所:聞取調査2016年5月)			
		和歌山県		群馬県	
	対象業者	A社	B社	C社	D社
	主力商品	梅干70%、他30%	梅干100%	カリカリ梅80%	カリカリ梅100%
	原料調達	農家30、仲買人40、中国産30	農家50、仲買人50	県内産(JA・農家)、中国産。約7:1	県内産(JAのみ)、中国産(業務用)
	ウメ加工の経緯	昭和初期に創業ウメ農家の一次加工から出発。加工専業へ	明治後年梅干加工業として創業。1973年かつお梅を開発	昭和初期に漬物業として創業。1980年に梅しば(カリカリ梅)開発	明治中期に漬物業として創業。1971年カリカリ梅を開発、ブランド化
ウメ生産の状況 ・戦後のウメ生産の推移:一貫して増加するも2000年代に横ばいに ・2度の拡大期: 第一次:1960年代=酒税法改正による青ウメ需要の拡大 第二次:1980年代後半から90年代=梅干需要の拡大(和歌山県のみの特徴) ・和歌山県一極集中:収穫量63.8%(2013)	1980〜90年代の動向	ハチミツ等を使用した調味梅開発に尽力。ゼロエミッション化を目指す。	かつお梅の特許を申請せず、産地内で普及を進める。	1985年個包装で人気上昇。安定供給を求め90年代に国内ウメにシフト	80年代までカリカリ梅好調。安定供給を求め90年代に中国ウメにシフト
	和歌山県・群馬県のウメ産業産地形成の経緯と産地構造の違い (出所:聞取調査2016年5月。和歌山県については過年度のヒアリングに加え橋本他(2005)を参照した)				
		和歌山県		群馬県	
	両産地ともウメ栽培の期限は古く、戦国期、江戸期には栽培の記録があり、明治期には県主産地での栽培が始まっている。				
ウメ作付面積の推移(指数:1956年100) [グラフ:和歌山県、群馬県、全国の作付面積推移 1960-2010] 出所:作物統計及び果樹生産統計	・昭和初期に梅干の組合結成 = 相当数のウメ加工従事者の存在 ⇒ 早い段階で「狭義のウメ産業」成立 ➡梅干最適品種「南高」の優良品種選定と農家による梅園地造成事業の展開 ・調味加工梅「かつお梅」(1974)「味梅」(1977)開発 ⇒ 新規参入増加 ⇩ ・ウメ専業農家による一次加工(白干)+加工業者の二次加工というすみ分けが定着 ・商品ラインナップの多様化と広範な関連業間の連携が進展		・漬物業は存在するもウメ加工業の記録はない ・「カリカリ梅」開発(1971) ⇒ 漬物業からウメ加工業が派生するが少数にとどまる ➡「カリカリ梅」ブームで梅の栽培・収穫増加(1980〜90年代) ・加工業の中国ウメシフトで梅栽培減少 ⇩ ・ウメ農家と加工業の分業に発展せずウメ産業成立せず ・梅の栽培は複合農家中心で梅依存度は低く、容易に縮小・撤退		
	加工業者アンケートに見る和歌山県ウメ加工業者の経営と関連業との取引実態 (出所:上記アンケート、2016年6月)				

加工業者事業概要	原料種別及び同調達割合分布幅*	青ウメ	生ウメ	白干ウメ	関連業所在地	地域内*	県内	県外	JA	海外
・主力商品梅干(梅干以外90%以上は2社)		19社	17社	46社						
		2-20%	7-80%	70-100%	運送関連	43社	6社	5社	0社	0社
・56社で1,996名を雇用(非正規836名)	白干ウメ調達理由(3つまで選択)	品質信頼	長期取引	安定優先	コスト削減	容器等資材	45社	10社	3社	0社	0社
		25社	24社	30社	16社	調味原料等	39社	15社	14社	0社	0社
・商社に販売36社、量販店21社、双方に販売する場合も多い					13社	印刷関連	38社	18社	6社	0社	0社
	原料仕入先及び仕入割合分布幅*	生産農家	仲買人	JA農協	他産地	海外	修理・メンテ	40社	9社	4社	0社	0社
		41社	40社	10社	0社	5社	加工外注**	24社	3社	4社	0社	0社
		10-90%	40-95%	5-50%		10-20%	地域内業者取引理由	長期取引	即応性	技術対応力	無理がきく***
・44社通販実施、その多くは売上の大半を通販に依存	仲買人活用理由(3つまで選択)	品質水準	安定供給	多様な対応力	適正な価格	納期遵守		38社	41社	22社	18社
		34社	33社	16社	25社	5社	* 地域内とは田辺・みなべ周辺を指す ** 特殊加工等自社で対応困難な場合の外注 *** 正確には「内情に通じ無理を聞いてくれる」				
	* 中央値から上下に回答企業の70%が含まれる範囲									

加工業者へのアンケートにより，機械・設備の修理やメンテナンス，調味原料の調達，商品の包装・梱包・発送関連資材の調達，商品配送にわたる広範なサービスの大半を地域内で調達できていること，地域内業者の活用により長期の安定的関係に基づく即応力のある柔軟なサービスが得られたことが確認できた。

　他方，上述の通り群馬県では第一次拡張期に増大した青梅生産の受け皿としてウメ加工業が漬物業から派生したが，少数にとどまり「狭義のウメ産業」の成立には至らなかった。その結果，寡占化した加工業が中国産原料ウメにシフトすると梅生産は減衰し，その後の輸入梅の高騰により加工業も打撃を受けた。現在，群馬県の加工業は県内産原料ウメに回帰する道とウメ生産農家との緊密な関係の構築を模索している。

5．結論

　和歌山県産地の競争優位である ① 特産である南高梅のブランド力 ② 市況に左右されない農家の価格支配力 ③ 一次加工済原料の安定調達による加工業のコスト優位と商品開発力は，「狭義のウメ産業」の早期の成立とウメ生産過程の社会的分業の進展に由来する。この農家と加工業者が共に受益する取引関係が，関連産業の広範な集積の基盤となり同産地の競争優位を磐石なものとしている。

　今日，農業者が主体となる六次産業化が地域産業の活性化として注目を集めている。しかし付加価値の農業部門への取り込みを意図し，加工・流通の農業部門への囲い込みという性格が強い。筆者は，農業とその加工・流通は主従ではなく，それぞれ自立した経済主体であってこそ発展性を維持できると考える。重要なのはそれらの分業関係を取り結ぶ主体の形成である。南高梅のブランド化，ネット収穫と白干ウメ出荷，調味ウメ開発において，農家，加工業，仲買人，農業高校やJAなどの関係団体，行政の各分野でオピニオンリーダーが役割を演じてきた和歌山県のウメ産業の発展過程は，それを典型的に示している。

【参考文献・研究報告】（要旨本文で参考したものに限る）
1　石田文雄，遠州尋美，2015年，「持続可能な地域産業の構築と地域産業複合体の優位性―和歌山県の田辺・みなべ地域のウメ産業を事例に―」（日本地域経済学会第27回全国大会自由論題報告）
2　橋本卓爾他編著，2005年，『地域産業複合体の形成と展開』（財）農林統計協会

陶磁器産地再生に関する一考察
―四日市萬古焼メーカーの実態及び弱点について―

〈報告要旨〉

三重大学大学院　西浦尚夫

1．研究の背景と目的

　日本の地場産業において，陶磁器産業は重要な産業である[注1]。陶磁器産業は，各地に産地を形成し，地域に根ざした産業として地域経済の発展に重要な役割を果たしている[注2]。陶磁器産地メーカー（以下，陶磁器産地メーカーをメーカーとする）は，特徴ある製品を生産している。現在，メーカーは，地域経済にとって重要な企業体でありながらも衰退している。

　メーカーの衰退原因として，「売上減少」がある。メーカーは，売上減少を打開するために「商品開発」や「消費者ニーズ」への対応をしている（釜堀文孝，2006, pp.2-3）。消費者ニーズの多様化は，類似品を大量に市場へ供給し，価格競争を激化させる。経営資源の乏しいメーカーは，競争に対応できなくなり，業績を悪化させ，廃業にいたる。

　本稿では，今後，メーカーが製品販売においてどのように優位な状況を構築するかについて，四日市萬古焼メーカー（以下，四日市萬古焼を「萬古焼」とする）を対象として考察することとした[注3]。今後，メーカーが自社製品をどう販売し，業績を向上するのかの視点から，三重県内土鍋メーカーで，業績をあげている中核企業2社（①G社，②N社）を取り上げる。

2．研究課題

　萬古焼産地は，地理的に美濃焼（岐阜県），瀬戸，常滑焼（愛知県）の大産地に隣接していながらも，存続を図ってきた。他産地との差別化を図るため，耐熱

性に優れた土鍋を開発し，国内トップクラスのシェアを占めるに至った。

萬古焼産地を研究対象とした代表的な研究として，林，佐竹がある。萬古焼産地は，陶磁器の生産から販売に至るまで，関連業種，メーカー，産地問屋の各企業がそれぞれの機能を分担している。製品は，それぞれ輸出向け，国内向けに分けられた。輸出向けのメーカーで生産された製品は，産地外の商社を通じて輸出される場合が多い。一方，国内向けのメーカーで生産された大部分の製品は，産地問屋を通じて販売される。その他では，小売店等を通じても販売される。(林宏昭，佐竹隆幸，1990年，pp.77)。

青木は，萬古焼産地の特徴として，「固有技術」の存在意識が小さく「革新性」によって大きく変化してきた産地であるとしている。「固有技術」は，伝統的な固有製品（急須）を生産するための技法であり，「革新性」とは，時代のニーズに応じて製品を生産するとしている。「固有技術」を基盤とした新たな「革新性」が創出されていない点が萬古焼産地再生の「足かせ」となっている（青木英一，2008年，pp.16)。

上記研究の限界点としては，次の3点がある。第1に，萬古焼メーカーの製品として，伝統的製品（急須）を取り上げているが，産地を代表する量産品（土鍋）に関しての言及がない。第2に，萬古焼メーカー製品の大部分が産地問屋を通じて販売されるが，産地問屋が各メーカーにどのような影響を及ぼしているかの言及がない。第3に今後のメーカーがどのように発展すべきかについて十分に検討がされていない。

3．萬古焼メーカーの実態と弱点

独自の実態調査結果から，メーカーにおける経営上の強みは，技術力・開発力と質の高い労働力である。経営上の弱点は，マーケティング力（販路開拓）と価格競争力である。萬古焼メーカーの主な販売ルート先は，約7割を産地問屋（1次卸）が占め，最終消費者への販売は全体の約1割程度である。製品を評価する相手先は，産地問屋が約3割であった。最終消費者に対する評価はわずか，4.3％であった[注4]。

萬古焼メーカーは，製造に特化し，販路を産地問屋に任せているため，消費者ニーズを正確に把握できない点が萬古焼メーカーの弱点である。

4．萬古焼，伊賀焼メーカーにおける販売手法の相違点

　萬古焼，伊賀焼産地は，地理的に近接しており，土鍋を主力商品としている。G社は，土鍋を代表するブランドとして「花三島」を製造する企業であり，萬古焼産地では，売上額，生産能力とも土鍋メーカー有数の企業ある[注5]。N社は，伊賀地区の陶磁器製造品出荷額のうち，84％を占める企業である[注6]。

　萬古焼，伊賀焼産地において，両社は業績を上げ，成長を遂げている。両社の大きな相違点は，自社製品の販売方法である。G社は，萬古焼メーカーの弱点である販路開拓を「産地問屋が売らざるを得ない製品を作る」とのコンセプトから販売を産地問屋8社に任せている。「産地問屋が売らざるを得ない製品」とは，同社業者の教えに基づく製品づくりである。他の萬古焼メーカーの弱点を自社の強みにしている。G社によれば，量産品の場合，販路拡大されるに伴い，類似品やコピー品が市場に出回り，最終的に欠陥品のクレームが自社に来る。欠陥品が自社製品で無いにしても，品質の悪い類似品の影響で自社製品ブランドの価値も下がる。自社製品ブランド価値を維持するため，少数の産地問屋に販売先を限定し，自社が管理できる問屋数とした。産地問屋と友好関係を築き，産地問屋の販売網を活用しながら高い自社製品ブランドを維持している。

　伊賀焼産地では，萬古焼産地と違い，産地問屋による流通網が整備されていなかった。そのため，N社は，独自の販路開拓により，自社製品を市場に販売せざるを得なかった。販売活動を行ったが知名度の低さもあり，当初は，まったく売れなかった。しかし，消費者への情報発信と，消費者の声を商品に反映するため，顧客の細やかなニーズに対応し業績を安定させていった。

5．おわりに

　萬古焼メーカーと産地問屋の関係において，萬古焼メーカーは，これまで製造に特化し，販路を産地問屋に任せていた。そのため，消費者ニーズを正確に把握できない弱点がある。萬古焼メーカーが産地問屋よりも優位な状況を作るには，次の点が重要となる。第1に「独自・高度技術」，「ブランド力」を高める（越村惣次郎，2010年，pp.5）。第2に顧客からの改善要求や，製品に不備が生じた場合，迅速な対応を実施する。萬古焼メーカーのG社は，第1，第2の点を実践し，産地

問屋に対して価格交渉の主導権を持っている。主導権を得るには，高品質な製品を安定的に市場に供給する能力も重要な要素である。第3に伊賀焼産地メーカーN社のように直接消費者に販売し，細やかなサービスを実施していく必要がある。

　全国のメーカーにおいても，上記の3点を行えば，各メーカーが産地問屋よりも優位な状況を得る。このようなメーカー優位の状況により業績向上を図れば，メーカーが新たなる陶磁器産地の担い手となり，産地再生の糸口となる。

〈注〉
1　地場産業の定義については，山崎充（1977年）『日本の地場産業』ダイヤモンド社に依拠する。
2　本稿において産地とは，中小企業の存立形態のひとつで，同一の立地条件のもとで同一業種に属する製品を生産し，市場を広く全国や海外に求めて製品を販売している多数の企業集団とする。（㈱日本総合研究所，2016，経済産業省委託事業全国の産地―平成27年度産地概況調査結果―　p.3）
3　萬古焼の呼び名は，四日市萬古焼の他に現在でも「桑名萬古」，「松阪萬古」も存在する。これらの名称は，主に作家が使用する名称である。本稿では，萬古陶磁器工業組合員（産地メーカーが所属する組合）が製造する陶磁器を「萬古焼」とする。
4　萬古陶磁器工業組合員への実態調査　アンケート調査期間：2014年8月13日～31日　アンケート未回答企業に対するインタビュー期間：2014年9月1日～11月30日　対象企業数62社　回答企業31社
5　萬古陶磁器工業組合へのインタビューによる。実施日：2016年12月20日
6　三重県工業研究所窯業研究室へのインタビューによる。実施日2016年12月26日。N社は，経済産業省の工業統計調査によると，食卓用・ちゅう房用陶磁器製造業における従業員4名以上の伊賀地区の平成25年度実績では，3社で6億16百万円の製造品出荷額であった。うちN社は，2013年の売上高は約5億2千万円であった。

〈参考文献〉
1　青木英一（2008年12月）「わが国陶磁器産地における生産減少への対応―産地間比較を通して―」『人文地理』第60巻第1号，pp.1-20
2　釜堀文孝（2006年3月）「陶磁器産業の抱える問題について―卸，販売，製造業を含めた陶磁器業界に関する問題把握」『九州産業大学柿右衛門様式陶芸研究センター論集』第2巻，pp.1-6
3　越村惣次郎（2010年3月）『産開研論集』第22巻，pp.1-11
4　林宏昭，佐竹隆幸（1990年1月）「為替変動と地場産業―四日市陶磁器製造業の場合―」『四日市大学論集』第3巻第1号，pp.71-85
5　満岡忠成（1979年）『四日市萬古焼史』萬古陶磁器振興会
6　山崎充（1977年）『日本の地場産業』ダイヤモンド社

鯖江における眼鏡枠産地から
チタン精密加工技術集積地域への展開

―産地構造分析から動態的産地システム研究へ―

〈報告要旨〉

龍谷大学大学院　上野敏寛

1．問題の所在

1.1　研究の背景・目的

　鯖江眼鏡枠産地（以下，「鯖江産地」という。）は，高度経済成長期がもたらした量的拡大に適応した産地構造がグローバル経済化の進展にともなう経済環境の変化に適応できず，縮小傾向となっている。本稿における産地とは「ある特定の品目を生産する（ものづくりの）ために，多数の同業者・関連業者が社会的な分業・体制（地域的産業集団）を形成し，集積している地域」（上野和彦，2007, p.25）をさす。福井県の眼鏡枠産業は，福井県「平成25年県の眼鏡関連統計」によると，都道府県別出荷額のうち96.6%（2013年現在）を占める。特に「福井県の工業（平成26年工業統計調査結果報告書）」福井県内市町別眼鏡産業の出荷額等比率によると，鯖江市が約82.9%，福井市が約11.1%（2013年現在）となっており，鯖江産地は鯖江市を中心に形成されている。しかしながら，福井県の眼鏡枠産業は，1992年の205事業所・品目別出荷額933億2,700万円から2014年の66事業所・品目別出荷額329億7,100万円へ縮小傾向となっている[注1]。鯖江産地は縮小傾向という現実のもとに量的統計において見えてこない，産地企業の生き残りをかけた展開プロセスに入っている。

　2000年以降の鯖江産地をめぐる研究は，鯖江産地の縮小傾向がもたらす産地構造の変化に着目した産地構造分析がなされ，大手製造卸による海外展開や部品製造業・中間加工業における眼鏡枠分野からの多角化戦略といった多様な展開が指摘された。しかし，産地構造分析は，産地の多様な展開が個々の企業努力によっ

て果たされたのか，産地における諸アクターの関係からつくられたのかが明らかにできなかった。そこで，本研究は鯖江産地を「チタン精密加工技術集積地域」という全体として捉え，企業，行政，支援機関，大学，業界団体といった諸アクターの関係について，特徴的な企業へのヒアリング調査にもとづき実証的に研究することによって，新たな産地の可能性や展望をもたらす産地システムの再編を通じた産地の動態的プロセスに関する1つのモデルを明らかにする。

1.2　先行研究と課題

2000年以降の「縮小」傾向となっている鯖江産地をめぐる研究は，遠山・山本（2007）や南保（2008）など産地の構造変化を産地構造分析によって捉えられている。産地構造分析とは産地をさまざまな諸企業の組み合わせによって構成される構造を把握する分析方法であり，ある時点における産地構造を把握することができる。産地構造分析とあわせてもうひとつの見方は産地をシステムとして捉えるものである。遠山（2009）は，産業集積におけるライフサイクルの観点を持ち，鯖江産地とイタリア・ベッルーノ地域の個別企業行動を比較分析することで，産地最大手企業による垂直統合型経営や産地有力中小企業のOEM生産からの脱却という組織ルーティンの経路破壊・経路創造を指摘している。遠山（2009）の研究は，産地企業が経済環境の変化を受けることで組織ルーティンを拡張あるいは進化させる行動を取り，その諸活動の束が産業集積の持続的発展に不可欠な要素であることを前提にしたものであり，組織システムであるもののシステムを意識したものに見て取れる。遠山氏が表現する産地企業による諸活動の束について，産地には個々の企業が生き残りをかけて個別に行動するだけでなく，相互刺激や相互学習による知識情報を受けることによって，産地企業における独自性の創出や競争が生まれ，産地全体として新たな取り組みを促進している作用があるのではないかと考えられる。

そこで，本研究は産地をシステムとして捉える。産地システムとは「産地における諸アクターの組み合わせや相互関係・相互作用が独自の構造をもって編成される仕組みやまとまりの全体」であり，特定の機能を発揮する。産地システムは外部環境と区分されるために境界を持つ開放系であり，外部環境から影響を受けると内部諸アクターが主体的な意思や行動にもとづき選択にもとづき相互に反応するものである。この反応とは，諸アクターの依存や抵抗，自律化，学びなどの

様々な選択され起こり得た結果である。本研究は眼鏡枠製品やその生産で培った技術をもとに多角化した新たな展開を含め，産地全体として捉えるために鯖江産地を「チタン精密加工技術集積地域」とし，新たな産地の可能性や展望をもたらす産地システムの再編を通じた産地の動態的プロセスに関する1つのモデルを実証的に明らかにする。

2．事例研究

　鯖江産地は眼鏡枠製品の鯖江産地構造から多様な展開を生み出す鯖江産地構造へ変化している。前者を編成するシステムは垂直統合型分業システムのもと，オーガナイザー企業が産地を統括調整していた。㈱シャルマンのように脱下請けを試みると産地構造から反発を受けた（中村圭介論，2012，p.21）。また，前者を編成するシステムは大手企業から市場情報や技術情報，新しい材料を産地の中に取り入れた。チタン精密加工技術は産地企業と大手企業との共同研究や㈱ニッセイによる「チタン加工ロー接研究会」での学びによって高まった（山本潤，2011，2012）。一方，後者を編成するシステムは㈱西村金属のように部品加工メーカーが眼鏡の完成品を製造する展開を生み出している。後者のシステムは従来のオーガナイザー企業の弱まりとともに，産地外から受注できる新たな産地構造を作った。具体的には眼鏡枠製品において「THE291」ブランドやその関連ショップ「GLASS GALLERY 291」の立ち上げ，企業グループSBWによる産地ブランドの構築，企業グループ「チタンクリエーター福井」による技術力の高度化や共同受注の取り組み，企業内垂直統合型経営の㈱シャルマンによる産地企業や大学との連携による技術力の高度化と医療器具製品への展開が，地域的共同のなかで行われていた。産地システムは産地が存続する基盤をつくっており，主体的な取り組みによって経済環境の変化に対応していた。

3．本研究の意義

　本研究は鯖江産地を「チタン精密加工技術集積地域」という全体として捉え，諸アクターの相互関係を捉える産地システム研究として，新たな産地の可能性や展望をもたらす産地システムの再編を通じた産地の動態的プロセスに関する1つ

のモデルを明らかにした。産地システム研究においては産地構造分析でみえてこない産地諸アクターの主体的な行動とその相互関係による全体が明らかになった。本研究は鯖江産地が「縮小」傾向として論じられてきた過程において，多様な産地企業が自律性を高めたり，新しい共同を生み出したりするプロセスを明らかにしたことに意義がある。最後に，今後の課題を2点指摘する。第1に，本研究においては福井県や鯖江市などの諸アクターである行政やその政策が産地システムの形成との関連については明らかにできていない。第2に，本事例は鯖江産地に特化するものであり，他産地との比較研究によって一般化を試みたい。

〈注〉
1 　経済産業省「工業統計調査品目編」における「品目別の出荷額及び産出事業所数（従業員4人以上）」（1981年から1984年は「眼鏡わく」，1984年以降は「眼鏡枠」）各年度より算出。

〈参考文献〉
1 　福井新聞社編（2005年）『めがねと福井―産地100年の歩み』福井県眼鏡協会
2 　伊丹敬之（1998年）「産業集積の意義と論理」伊丹敬之・橘川武郎・松島茂編『産業集積の本質―柔軟な分業・集積の条件』，pp.1～24，有斐閣
3 　中村圭介編（2012年）『眼鏡と希望―縮小する鯖江のダイナミクス』東京大学社会科学研究所
4 　南保勝（2008年）『地場産業と地域経済―地域産業再生のメカニズム』晃洋書房
5 　遠山恭司（2009年）「日本とイタリアにおける産業集積比較研究：持続的発展のための経路破壊・経路創造」『三田学会雑誌』第101巻第4号 pp.125～149
6 　遠山恭司・山本篤民（2007年）「グローバル経済体制下における鯖江の眼鏡産地集積の構造変化」渡辺幸男編著『日本と東アジア産業集積研究』同友館pp.145～184
7 　植田浩史編（2004年）『「縮小」時代の産業集積』創風社
8 　上野和彦（2007年）『地場産業産地の革新』古今書院
9 　渡辺幸男（2011年）『現代日本の産業集積研究―実態調査研究と論理的含意』慶應義塾大学出版会
10　山本潤（2011年）「福井産地に於けるチタン眼鏡枠開発技術革新史(1) 福井光器とマルマンオプティカル」『地域公共政策研究』第19号pp.68～76
11　山本潤（2012年）「福井産地に於けるチタン眼鏡枠開発技術革新史(2) チタン加工ロー接研究会を核としての取り組み」『地域公共政策研究』第20号pp.49～56

水平ネットワーク型連携による
構成員の繋がり力向上と地域産業活性化
―大田区「下町ボブスレーネットワークプロジェクト」の事例から―

〈報告要旨〉

慶應義塾大学大学院　奥山　睦

1．はじめに

　本研究は地域産業の主要な担い手である中小企業の振興策として，地域の中小企業による水平ネットワーク型連携のモデルを構築し，その有効性を示すことを目的にしている。

　そこで，企業連携による水平ネットワーク型のプロジェクトへの参画が有効であり，その参画によって，構成員の「繋がり力」が高まり，地域産業活性化の牽引力になるというこの一連の流れを，大田区の「下町ボブスレーネットワークプロジェクト」の事例から定量的に示す。

2．研究内容

2．1　仮説の設定

　本研究は，企業連携によるプロジェクトの参画により，地域産業が活性化していくための重要なファクターとして，以下の2つが重要であるという仮説を提示し，それを立証するものとする。
① 企業連携による水平ネットワーク型プロジェクトへの参画が有効である。
② プロジェクトの構造をシステムとして捉え，構成員の繋がり力が高まる経過をDSM（design structure matrix）で可視化することができる。

　本研究では，初めに「水平ネットワーク」の定義を先行研究からレビューし示す。次いで日本及び大田区中小製造業の現状を概観し，課題を述べる。更に下町

ボブスレーネットワークプロジェクトの歴史を概観し考察する。続いて，同プロジェクト16名へのインタビュー調査から，仮説の検証を試みる。最後に本研究のまとめとして，結果と今後の課題について述べる。

2.2　水平ネットワークの定義

本研究の仮説で唱える「水平ネットワーク」の定義を，先行研究からのレビューに基づき示す。西口（2003）は，ネットワークについて，「共通の目的のために，「組織」の限界を超えて，公式・非公式を問わず，メンバーシップが限られた中で，意識的に調整された2人以上の人間の活動や諸力の体系である」と定義しており，本研究はこれ準ずるものとする。

例えば継続的な取引関係も中小企業が参加するネットワークの一つである。しかし，その内容は，必ずしも一様ではない。下請取引では発注と受注の関係が一方向かつ固定的であり，「垂直ネットワーク」として捉えられる。仲間取引では発注と受注が双方向的に行われ，「水平ネットワーク」として捉えられる。

2.3　下町ボブスレーネットワークプロジェクトの歴史

発祥は2011年9月である。公益財団法人大田区産業振興協会（以下大田区産業振興協会）のひとりの職員が，「大田区町工場のシンボルを」と発案し，町工場を訪問したところから始まった。2011年12月に正式発足となり，大田ブランド登録企業である10社程度とその主旨に賛同した東レ・カーボンマジック株式会社，株式会社ソフトウエアクレイドル，東京大学等が共同で，国産の2人乗り用のボブスレーソリを開発し，冬季五輪出場を目指すプロジェクトである。フレーム部品はすべて無償で製作され，2016年10月末現在では，1～6号機まで完成している。2016年10月末現在で，部品加工の協力企業は100社を越え，協力者は個人も含め，町工場以外の異業種へも拡大している。また活動に賛同した地域内外からの寄付金は，2016年10月7日現在，20,146,549円である。

ただし，2013年，2015年には，公益社団法人日本ボブスレー・リュージュ・スケルトン連盟から2度の五輪不採択を受けている。ところが，2016年1月，ジャマイカボブスレーチームは，2018年に韓国で開催される平昌五輪に，下町ボブスレーを採用すると発表した。次いで2018年7月，同連盟とプロジェクトは，正式契約の調印式を行った。2016年10月末から走行テストを始め，実戦のレースを経

て冬季五輪に向けて改修する。

2014年に大田区産業振興協会が行った「下町ボブスレー経済波及効果調査」によると，新聞，テレビ，雑誌等メディアの露出に対するプロジェクトの経済波及効果は約10億7,484万円である。また同財団実施による「プロジェクト参加企業アンケート調査」(63社中35社回答)によると，プロジェクト参加によって，会社の知名度が向上した (48.6%)，社員の仕事に対する意欲向上につながった (40.0%)，参加事業者間の取引が活発になった (37.1%) が上位を占めた。

特筆すべきは同プロジェクトのメンバー有志によって，新製品の「nbike」の試作が始まったことである。これは，自転車とキックスケーターの中間の乗り物である。既に試作1号機は大手メーカーとの協業で行い，2号機は同プロジェクトの中核メンバー，株式会社ナイトペイジャーの舵取りによって量産を目的として，クラウドファンディングで資金調達を行った。その結果，2014年2月17日～4月30日まで公募を行ったところ，調達額は目標額だった100万円を超え，現在も量産に向けて製作を続けている。

3．調査方法

本調査は，プロジェクトの構成員16名に対して，DSMを活用し分析する。
DSMはシステムを構成する要素とそれらの相互作用を表すために用いられるネットワークモデリングツールで，それによってシステムアーキテクチャを明らかにできる。その結果，プロジェクト発足前後の協力関係は，後の方が強固になったことが可視化できた。これによって，地域産業活性化に繋がる重要なファクターとして，構成員の「繋がり力」が寄与することが明らかになった（表1）。

結果と考察

同プロジェクトは決して順風満帆とは言えず，紆余曲折を繰り返しながら約4年にわたって，ヒエラルキーを持たない水平ネットワーク型連携によって，ボブスレーのソリ製造を継続してきた。それを起点に様々な商品が地域の中に生まれ，新たな製品開発のプロジェクトも立ち上がり，新産業の萌芽も生まれている。プロジェクトの根幹を支える背景には，技術力の相互補完がある。そして，日本

表1：プロジェクト発足前後の協力関係

Ⅰプロジェクト発足前

	A	B	C	D	E	F	G	H	I	J	K	L	M	N	O	P
A		2	0	0	1	1	2	0	0	1	0	0	0	0	1	0
B	2		1	0	2	1	1	2	0	0	1	0	0	2	1	0
C	1	1		0	0	0	0	0	0	0	0	0	0	0	1	0
D	1	1	0		0	0	0	0	0	0	0	0	0	0	1	0
E	2	2	0	0		2	0	2	2	0	0	0	0	2	2	1
F	1	2	0	0	2		0	0	2	0	0	0	0	2	2	0
G	2	1	0	0	0	0		0	0	1	0	0	1	0	2	0
H	1	1	0	0	2	0	0		0	0	0	0	0	0	1	0
I	1	2	0	0	2	2	0	0		0	0	0	0	2	3	0
J	1	1	0	0	0	1	0	0	0		0	0	0	0	1	0
K	1	1	0	0	0	0	0	0	0	0		0	0	0	2	0
L	1	0	0	0	0	0	0	0	0	0	0		0	0	0	0
M	1	0	0	0	2	2	1	0	2	1	0	0		0	2	0
N	1	2	0	0	2	2	0	0	2	0	0	0	0		2	0
O	1	1	1	1	1	0	2	1	2	1	2	0	2	0		0
P	0	0	0	0	0	0	0	0	0	0	0	0	0	0	0	

Ⅱプロジェクト発足後（2016年10月現在）

	A	B	C	D	E	F	G	H	I	J	K	L	M	N	O	P
A		3	3	3	3	3	2	2	2	3	3	3	2	2	3	2
B	3		3	3	3	3	2	2	3	3	3	3	3	3	3	2
C	3	3		3	3	2	2	2	3	3	3	3	2	2	3	2
D	3	3	3		3	3	2	2	3	3	3	3	3	3	3	3
E	3	3	3	3		3	2	2	2	2	2	2	2	2	3	3
F	3	3	3	3	3			3	3	3	3	2	3	3	3	2
G	3	3	3	3				2	3	3	2	3	2	3	3	2
H	3	3	3	3	3	2	2		2	2	2	3	3	3	2	3
I	3	3	3	3	3	3	3			2	3	2	3	3	2	2
J	3	3	3	3	3	3	2	2			2	2	3	3	2	2
K	3	3	3	3	3	3	2	2	2			3	2	2	2	2
L	3	3	3	3	3	2	2	2	2	2			2	3	2	2
M	3	3	3	3	3	3	3	3	3	2	2	2			2	2
N	3	3	3	3	3	3	3	3	3	3	2	3	2			2
O	3	3	3	3	3	2	3	2	3	2	2	2	2	2		
P	3	3	3	3	3	2	3	2	2	2	2	2	2	2	2	

0 まったく知らない／1 知り合いである／2 協力したことがある／3 協力している 網掛けは幹部メンバー。
出所：著者作成。

ボブスレー連盟から2度の不採用通告を受け，艱難辛苦を味わいながらも，プロジェクトを継続できたのは，構成員の「繋がり力」の向上が寄与していると本研究の結果，考察できる。

　以上のように内発的な動機づけによって，企業連携プロジェクトを生み出す社会システムの構築を明らかにし，一般化することによって，他地域の産業活性化への解へ繋げていくことが，本研究の今後の課題である。

〈参考文献〉
1　石倉洋子・藤田昌久・前田昇・金井一頼・山崎朗（2003年）『日本の産業クラスター戦略―地域における競争優位の確立』有斐閣
2　奥山睦（2013年）『下町ボブスレー　僕らのソリが五輪に挑む』日刊工業新聞社
3　西口敏宏（2003年）『中小企業ネットワーク』有斐閣
4　額田春華（2007年）「「柔軟な連結」型の産業集積における企業変革行動と資源蓄積過程：大田区及びその周辺地域を事例として」『日本中小企業学会論集』第25集，pp.170〜183
5　スティーブン・D. エッピンジャー，タイソン・R. ブラウニング（2014年）『デザイン・ストラクチャー・マトリクスDSM：複雑なシステムの可視化とマネジメント』慶應義塾大学出版会
6　渡辺幸男（1997年）『日本機械工業の社会的分業構造：階層構造・産業集積からの下請制把握』有斐閣

伝統的工芸品産地の現状と課題
〈報告要旨〉

日本大学　山本篤民

1．はじめに

　本研究は，伝統的工芸品産業の産地を対象として，その現状と課題を明らかにしていく。具体的には，伝統的工芸品産業の産地組合に対するアンケート調査を通して，それらの現状や各種の取り組みと成果を把握し，そのうえで産地組合や伝統的工芸品産業の産地の発展の方策を示していきたい。

　なお，本研究は，個別の伝統的工芸品産業の産地組合や産地を分析するのではなく，全体の動向をとらえ，そのなかから発展の方策を抽出することに特徴とねらいがある。

2．伝統的工芸品産業に関する先行研究

　伝統的工芸品産業に関する先行研究を振り返ると，主に三つのアプローチで研究が行われてきたと整理することができる。第一には，個別の地場産業の産地を取り上げて，産地の生成や発展・衰退の経緯，産地の構造などを明らかにしたものである。近年の主な研究成果を取り上げるならば，荻久保（2009）は，豊岡杞柳細工産地の生成と衰退，さらに事業の転換の過程を分析している。さらに，桑田（2010）は，播州三木打刃物産地の発展の経緯を同業組合の役割などを交えながら明らかにしている。

　第二には，比較研究があげられる。これらの研究成果としては，輪島塗産地と井波彫刻産地の存続・発展の地域的基盤を解明した須山（2004）の研究や，経営戦略論的な観点から有田焼産地と信楽焼産地を比較した山田（2013）などがある。

　第三には，総論的研究があげられる。北村（2006）は，全国的な工芸産業の分

布を示し，産地の形成や発展，構造の分析を行っている。さらに，上野・政策科学研究所（2008）は，複数の研究者の共同研究であり，複数の産地研究の成果がまとめられている。

上記の研究は，それぞれ伝統的工芸品産業の構造や変容のメカニズムを分析し，直面する課題や発展のための方策などを示している。しかし，産地全体の動向が把握されていないことから，本研究では，全国の伝統的工芸品産業の産地の現状や課題を明らかにすることを試みている。

3．伝統的工芸品産業の産地実態アンケート調査の実施概要

本研究の取り組みの一環として，筆者は独自に「伝統的工芸品産業の産地実態アンケート調査」（以下，「産地実態アンケート調査」とする）を行った。「産地実態アンケート調査」は2016年1月時点で「伝統的工芸品」として指定されている222品目の製品を手掛けている，224の産地組合を対象とした。

アンケート調査票は，各産地組合の事務局宛てに送付し，自計式調査として実施した。アンケート調査票の発送数や回収数などは表1のようになっている。

表1　伝統的工芸品産業の産地実態アンケート調査の調査概要

アンケート調査票発送数	224票
アンケート調査票回収数・割合	179票・79.9%
有効回答票数・割合	177票・79.0%
無効回答票数・割合	2票・0.9%
アンケート調査票発送	2016年1月末
アンケート調査票回収締切	2016年3月末

4．産地実態アンケート調査の結果

(1) 産地組合の現状

産地実態アンケート調査の結果としては，第一に，2010年末と2015年末を比較すると60％を超える産地組合が組合員（事業所・企業）数を減らしていることが明らかになった。また，同期間に生産額を減らした産地組合も60％を上回る結果となった。第二には，「売上高の減少・低迷」や「国内需要の低迷」，「消費者ニー

ズの変化」といったことに多くの産地組合が影響を受けていることが明らかになった。このような問題を打開していく方策を探るために,「新製品・新技術開発」と「海外販路開拓」の取り組み状況や成果についてもアンケート調査を行った。

(2) 新製品・新技術開発の取り組み

2010年以降に「新製品・新技術開発」に取り組んだ産地組合は57.1％となった。さらに,「新製品・新技術開発」の内容については,表2のようになっている。「既存の伝統的工芸品の改良」の割合が67.3％ともっとも大きいが,「既存の技術をもとに伝統的工芸品以外の製品を開発」(51.5％)や「新規の技術によって伝統的工芸品以外の製品を開発」(11.9％)のように伝統的工芸品以外の分野に進出を試みている産地組合も少なくない。伝統的工芸品以外の分野への進出は,既存の伝統的工芸品の需要の低迷や,消費者ニーズの変化への対応といえるであろう。

「新製品・新技術開発」の内容と,その成果の関係をみていくと,販売や受注にいたった割合は,伝統的工芸品以外の製品や技術開発を行ったところが高いことが明らかになった。

表2　新製品・新技術開発の内容（複数回答可）

	集計	割合
既存の伝統的工芸品の改良	68	67.3％
既存の技術をもとに伝統的工芸品以外の製品を開発	52	51.5％
新規の技術によって既存の伝統的工芸品を製作	13	12.9％
新規の技術によって伝統的工芸品以外の製品を開発	12	11.9％
その他	5	5.0％

出所：「産地実態アンケート調査」より作成。

(3) 海外販路開拓の取り組み

次に,2010年以降における海外販路開拓の取り組み状況としては,「取り組んだ」割合は24.9％にとどまり,「取り組んでいない」が66.7％となっている。海外販路開拓に取り組んだ組合のうち,実際に「販路開拓できた」と回答した割合は15.9％となっており,成果がみられるのはごく少数であることがわかった。

さらに,海外販路開拓の取り組みにあって,活用した組織を示したのが表3である。海外販路開拓に成功したところは,「海外のバイヤー」や「国内の商社」を利用している割合が高くなっている。

表3　海外販路開拓の成果と活用先

	海外の小売業者	海外の商社	海外のバイヤー	海外の行政機関・公的支援機関	国内の小売業者	国内の商社	国内のバイヤー	国内の行政機関・公的支援機関	その他
海外販路開拓できた（n=7）	28.6%	42.9%	71.4%	0.0%	28.6%	71.4%	42.9%	57.1%	0.0%
取り組み中（引き合い有）（n=14）	7.1%	0.0%	14.3%	7.1%	28.6%	28.6%	21.4%	50.0%	21.4%
取り組み中（引き合いなし）（n=8）	12.5%	0.0%	12.5%	25.0%	0.0%	0.0%	0.0%	75.0%	0.0%
引き合いはあったが開拓にいたらず（n=4）	0.0%	0.0%	50.0%	50.0%	0.0%	25.0%	0.0%	25.0%	50.0%
引き合いがなく開拓にいたらず（n=6）	16.7%	0.0%	16.7%	0.0%	0.0%	0.0%	0.0%	83.3%	0.0%
わからない（n=3）	0.0%	0.0%	0.0%	33.3%	0.0%	0.0%	0.0%	33.3%	66.7%

出所：「産地実態アンケート調査」より作成。

5．おわりに

　本調査で明らかになったことは，現在，多くの産地組合が組合員数の減少や生産額の減少に直面していることである。こうした状況を打開するために，「新製品・新技術開発」などが求められるが，その際，既存の伝統的工芸品だけではなく，伝統的工芸品以外の分野に活路を見出すことも重要であることが明らかになった。また，海外販路開拓については，取り組み自体が少ないが，成果をあげているところは，海外のバイヤーや国内の商社などを利用している結果が示された。

〈参考文献〉
1　北村嘉行（2006）『工芸産業の地域』原書房
2　桑田優（2010）『伝統産業の成立と発展 播州三木金物の事例』思文閣出版
3　荻久保嘉章（2009）『杞柳産業の盛衰』成文堂
4　下平尾勲（1985）『現代地場産業論』新評論
5　須山聡（2004）『在来工業地域論』古今書院
6　上野和彦・政策科学研究所編（2008）『伝統産業産地の行方』東京学芸大学出版会
7　山田幸三（2013）『伝統産地の経営学』有斐閣

地域の社会的課題解決に向けた中小企業による
ソーシャル・ビジネスの創出
―和菜屋による地域コミュニティ再生ビジネスの展開―

〈報告要旨〉

兵庫県立大学大学院　田代智治

1．はじめに

　現在我々は，これまでのパブリック・セクターとプライベート・セクターといった2元論では解決しきれない多様かつ複雑な社会的課題に直面しており，強い社会的需要の高まりとともに，早急な対応が求められている。社会的課題の解決へむけた取組みの拡大と普及といった視点からみると，中小企業がその担い手として参加する意義は大きい。地域に密着した中小企業だからこそ自社の強みを活かしたきめ細やかな製品・サービスによるソーシャル・ビジネスを創出することができると考えられる。本稿の目的は，過去の研究を踏まえた上で中小企業が実際に「どのように行うのか」といった実践的な戦略研究の必要性から，事業や企業の存立基盤を強め持続可能性を高める戦略を示すことにある。

2．先行研究

　経済産業省（2008）は，ソーシャル・ビジネスとは「社会的課題を解決するために，ビジネスの手法を用いて取組むものであり，そのためには新しいビジネス手法を考案し，適用していくことが必要である」と定義している。また，経済産業省（2008）では高齢者・障害者の介護・福祉，共働き実現，青少年・生涯教育，まちづくり・まちおこし，地域コミュニティ再開発などの社会的課題を解決していく事業主体としてソーシャル・ビジネスが期待されると述べる。本稿ではそれらを捉える視点として当該ソーシャル・ビジネスによって地域に形成されるソーシャル・キャピタルの重要性にも注目している。稲葉（2011）のソーシャル・キャピタルの研究を踏まえ，事例研究を進めていく。

3．問題意識と課題設定

　地域の社会的課題解決を目的とする中小企業ソーシャル・ビジネスの持続可能性を高めるためには，消費者（顧客）や従業員，仕入先といった直接的なステイクホルダーとの連関構築はもちろんのこと地域住民や地域のコミュニティ，政府や自治体を含んだ多様なステイクホルダーとの連関を不可欠とする。そのため本稿ではソーシャル・ビジネスと多様なステイクホルダーとの連関を視野に入れつつ，特に企業収益に直接的影響を与える消費者（顧客）との連関の重要性に注目する。経済産業省（2008）の定義では，「社会性」「事業性」「革新性」の3要素を満たす主体をソーシャル・ビジネスとして捉えている。しかし社会的価値の実現と企業収益は相反する要素を含んでいるためソーシャル・ビジネスの3要素を並列に捉えることが難しいと言え，多様なステイクホルダーとの連関を含めた理論的枠組が必要である。またソーシャル・ビジネスとは，ビジネスを行う主体が「何を行うか」によって通常のビジネスとは区別され，併せて社会的文脈において「何のために行われるか」といった周囲からの理解によって，ソーシャル・ビジネスであると認識される。つまり多様なステイクホルダーから社会的に認知，受容される過程を経ることで連関の構築を可能にできるのではないか。以上の問題意識と課題設定，先行研究を基に事例研究を通し考察を進める。

4．事例の概要

　本稿で取上げる事例は，和菜屋は従業員6人，北九州市にて2015年7月に開業した惣菜屋である。作業療法士，ケアマネージャーの資格を持つ三村和礼氏（以下，三村氏とする）が，都市部高齢者の食事問題と社会的孤立問題の解決を目的に，個人事業主としてUR金田団地内空店舗にオープンさせた。事業内容は主にUR団地に住まう高齢者や近隣地域の住民に対して手造り惣菜の製造・店舗販売を行うほか，身体機能に課題を持つ少数の高齢者に対して宅配も行っている。店舗は心地よい空間となっており，イートインのスペースが併設され高齢者をはじめ地域の住民が集い，食事や会話を楽しむことができる。

5．事例の考察

　和菜屋について，「和菜屋にみる社会性・事業性・革新性とは」「三村氏による社会的課題の認知」「和菜屋の「社会性」「事業性」「革新性」実現への具体的取

組み」「繋がる多様なステイクホルダーとソーシャル・キャピタルの形成」から考察を進めていった。事例考察からは，地域の社会的課題解決を目的とした中小企業ソーシャル・ビジネスに必要とされる要素として，企業の持続可能性に必要な一定の収益構造の確保，地域（企業の活動領域）における競争優位性の確保，消費者を含め多様なステイクホルダーとの間での信頼，互酬性の規範を伴った連関の構築，ビジネス活動を通した「社会的成果」と「経済的効用」の創出，補助金・助成金や他者からの資源供与に依存しない事業および企業の利潤最大化に囚われない事業の重要性，などが明らかになった。また，併せてソーシャル・ビジネスによって地域に形成されるソーシャル・キャピタルの重要性について確認した。

6．インプリケーション

　本稿では先行研究及び問題意識と課題設定のもと事例の考察を行ってきたが，理論的インプリケーションとして，「ソーシャル・ビジネスの3要素の理論的枠組」と「ソーシャル・ビジネスの創出・醸成・普及のプロセス」を提示したい。
　まず，「ソーシャル・ビジネス3要素の理論的枠組」を捉えるにあたり，第1点目は，ソーシャル・ビジネスがあくまでビジネス側面を持ち，競争優位性の確保や事業の持続可能性を高める必要があるといった点から，ソーシャル・ビジネスのコアとして「事業性」「革新性」によるビジネスコンセプトが存在する必要がある。また「社会性」がそれらを包含することによってソーシャル・ビジネスコンセプトになり得る。第2点目は，ソーシャル・ビジネスのコンセプトの「社会性」によってソーシャル・キャピタルが形成されることを可能とする。第3点目は，ソーシャル・ビジネスの「社会性」とソーシャル・キャピタルの持つ「ボンディング」「ブリッジング」の機能によってソーシャル・ビジネスが「多様なステイクホルダー」と連結し，その間に信頼，互酬性の規範を伴った連関を築くことを可能にすることができる。これによって，中小企業がソーシャル・ビジネスに参加するにあたり概念的であった「社会性」「事業性」「革新性」を実践的に捉えることができ，実効性の高い戦略立案を可能とする。
　次に，「ソーシャル・ビジネスの創出・醸成・普及のプロセス」であるが，事例研究からも明らかであるようにソーシャル・ビジネスの創出プロセスと普及プロセスの間には，実際には「醸成プロセス（ソーシャル・ビジネスのスパイラルアップ）」が必要である。これはソーシャル・ビジネスの主体（プロダクト・オ

リエンテッド）と多様なステイクホルダー（ユーザー・オリエンテッド）との間にビジネス活動を通した情報の相互通行や社会的価値の交換など互酬性の規範に基づいたやり取りが行われ，ソーシャル・ビジネスが地域に必要とされ社会的課題を解決するビジネスへと進化・醸成していく過程である。また，この過程を通して，ソーシャル・ビジネスによって地域（企業の活動領域）にソーシャル・キャピタルが形成される。中小企業が実際にソーシャル・ビジネスを持続可能的に行っていくためには，どのようにしてこの「社会的受容」を創り出し，「醸成プロセス（ソーシャル・ビジネスのスパイラルアップ）」を得ていくかが重要である。

　本稿にて，新たなソーシャル・ビジネスを捉える理論的枠組を明示的に提示することで，中小企業が多くの経営課題を乗り越えるための具体的かつ実効性の高い戦略立案，つまり企業が戦略化を進める一助に貢献できればと考える。しかしながら，1つの事例研究分析により理論的枠組を構築する点には課題が残るため，更なる研究の積上げと深化が必要である。これらは今後の課題としたい。

〈参考文献〉
1　池田潔（2012年）『現代中小企業の自律化と競争戦略』ミネルヴァ書房
2　稲葉陽二（2007年）『ソーシャル・キャピタル ―「信頼の絆」で解く現代経済・社会の緒課題』生産性出版
3　稲葉陽二（2011年）『ソーシャル・キャピタル入門』中公新書
4　経済産業省（2008年）「ソーシャルビジネス研究会報告書」
5　Putnam, R. D. (1992) *Making Democracy Work: Civic Tradition in Modern Italy*, NJ: Princeton University Press（河田潤一訳（2001年）『哲学する民主主義 ―伝統と改革の市民的構造』NTT出版）
6　谷本寛治・大室悦賀・大平修司・土肥将敦・古村公久（2013年）『ソーシャル・イノベーションの創出と普及』NTT出版
7　Yunus, M. (2009) Creating a World Without Poverty: Social Business and the Future of Capitalism, Public Affairs（猪熊弘子訳（2008年）『貧困のない世界を創るソーシャル・ビジネスと新しい資本主義』早川書房

業況堅調な小規模事業者の研究
〈報告要旨〉

信金中央金庫 地域・中小企業研究所　鉢嶺 実

1．問題意識

　近年，中小企業政策において小規模事業者を支援する流れが急速に強まっており，小規模企業振興基本法の制定・施行（2014年）など，相応の法整備等も進展している。一方，中小企業の景況感の動きをみると，大企業との格差は依然として大きく，とりわけ小規模事業者の景況感は相対的に厳しい水準で推移しているのが実情である。しかしながら，信金中央金庫 地域・中小企業研究所が取りまとめている「全国中小企業景気動向調査」の調査表を個別にみると，少数ながらも業況堅調な小規模事業者が常に存在している。ただし，同調査はあくまで集計結果を分析対象としたもので，個別企業に着目したものではない。
　そこで本研究では，こうした事業者がどのような経営を行なっているのかを，個別ヒアリング調査の実施などによって探っていくこととした。

2．「全国中小企業景気動向調査」からみた小規模事業者の業況等

　信金中央金庫 地域・中小企業研究所では，中小企業の景況感の調査を主な目的として，信用金庫取引先約16,000件を対象とした景況感にかかる聞き取り調査（全国中小企業景気動向調査）を実施，その集計結果（業況判断ＤＩなど）を四半期ごとに公表している。このなかで業況判断ＤＩを従業員規模別にみると，業況は常に従業員規模が小さいほど厳しい状況で推移している。
　一方，当該調査の集計・分析に携わる立場から個別企業の回答状況に着目すると，例えば，業況を「良い」と回答している中小企業は，いかなる景気局面においても一定数存在し，しかもそれらは業種，地域，規模にかかわらず分布している実態がある。
　例えば，2016年7-9月期調査では，有効回答14,485件のうち，従業員規模20

人未満の小規模事業者は10,391件で、このうち「良い」と回答した企業は229件と、全体の僅か2.2％に過ぎない。また、これらのデータを時系列で見ると、その時々の経済情勢によって業況を「良い」と回答する企業の数や割合は相応に変動するものの、いかなる局面においても「良い」と回答する企業がゼロになることはなく、こうした企業においては、外部環境に依存しない独自の経営を実践しているケースが多いものと推察される（図１）。

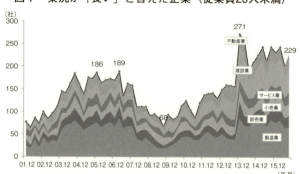

図１　業況が「良い」と答えた企業（従業員20人未満）

（備考）信金中央金庫 地域・中小企業研究所「全国中小企業景気動向調査」をもとに作成

３．業況堅調な小規模事業者に対する個別ヒアリング調査（６件）の概要

本研究では、業況を「良い」と回答した中小企業の存在そのものに着目し、従業員規模20人未満の小規模でありながら業況が「良い」と回答している事業者を任意に抽出し、信用金庫および当該事業者の了解・協力が得られた６先に対して個別にヒアリング調査を実施した。６先の概要は以下のとおりである。

（1）段ボール箱の設計製造業Ａ社（本社：長野県松本市、従業員数：15名）

大手電機メーカー等が生産現場や出荷時に使用する段ボール箱の設計と製造を手がける「ボックスメーカー」。先代から事業基盤を受け継いだ二代目経営者(59)の下、リーマン・ショック直前に導入・稼動した大型設備投資（プリンタースロッター）が奏功し、精密医療検査機器の分野へも事業領域を拡大させるなど、経営者の積極性とリーダーシップが躍進の原動力となっている。

(2) 肉用牛の繁殖・育成業B社（本社：岡山県津山市，従業員数：4名）

　父親の経営する牧場から分離独立して現経営者（38）が創業した肉用牛の繁殖・育成業者。牛の総数は300頭にも及ぶが，将来的には近隣同業他社の取り込み（M＆A）も視野に入れている。また，地元自治体が進めるブランド牛「つやま牛」の肥育にもチャレンジするなど，地域社会との連携にも積極的に取り組んでいる。

(3) 自動車整備業C社（本社：静岡県浜松市，従業員数：5名）

　業歴30年を超える地域密着型の自動車整備業者。地元の大手自動車整備工場から現経営者（72）が分離独立する形で創業した。以後，「まじめにこつこつと」をモットーに，徹底した"安全第一主義"で顧客との揺るぎない信頼関係を構築している。同社の顧客基盤は，永年の固定客が中心で，また来たいと思ってもらえるような接客を心がけている。

(4) ITを活用した健康茶販売業D社（本社：岡山県岡山市，従業員数8名）

　健康茶商品の企画・製造とITを活用した販売（いわゆるネット販売）を主力業務とする事業者として2011年に創業。現経営者（39）が，前職（パソコンショップ）時代に部品調達のためにたびたび訪れていた台湾・中国で本場の中国茶等と出会い，現在はそれらをインターネット上のECモール等で販売している。

(5) 家具調仏壇が主力の木工業E社（本社：徳島県徳島市，従業員17名）

　「阿波鏡台」の伝統文化の継承にも注力している木工業者。かつての主力製品だった鏡台は，90年代に入り大幅な市場縮小を余儀なくされていたが，こうした動きを受けた90年代半ば，現経営者（67）が家具調仏壇の製作へ大きく軸足を移すことを決断，これが今日の新たな事業基盤形成につながっている。

(6) 有田焼の卸売業F社（本社：佐賀県有田町，従業員：7名）

　有田焼の企画・流通・販売を一貫して手がける「有田焼の総合商社」。産地低迷を打開すべく，現経営者（48）が地域内企業の連携の要として奔走，これがひとつのきっかけとなった都内有名ホテル内への直営店出店オファーへも果敢に対応。空間デザイナーと連携しながら立ち上げた有田焼の新ブランドをイタリア・ミラノから発信するなど，新境地の開拓にも意欲的に取り組んでいる。

4．業況堅調な小規模事業者とは（まとめ）

　一般に，小規模事業者の経営は，規模が小さいが故に，とりわけ経営者の個性や行動に左右されやすいと考えられる。こうしたなかで，個別ヒアリング結果な

ども踏まえた業況堅調な小規模事業者の経営に共通したキーワードとしては，経営者の「強い想い」と，それを具現化するための「イノベーション」の実践の２つに集約できるのではないかと考えられた。さらに，これら２つのキーワードに加え，「なんとかしなければ」と「このままではいけない」といった，危機感を表すキーセンテンスも付加すべきものと考えられる。

なお，「強い想い」の方向性は一様ではなく，量的拡大を目指す，質的充実を目指す，あるいはその両方など，実にさまざまではあるが，どのような方向性においても業況堅調な小規模事業者が実在しているということは，業況堅調という概念の多様性を示唆しているものと考えられる。一方の「イノベーション」の概念については，シュンペーター（Schumpeter）が「経済発展の理論」で示した５つの「新結合」を持ち出すまでもなく，多くの先行研究がなされているところではあるが，今回ヒアリングを実施した業況堅調な小規模事業者においても，何らかの形でこの５つの「新結合」に当てはまるような取り組みがみられ，小規模事業者においても広い意味での「イノベーション」への取り組みが重要であることを示唆するものであった。

5．おわりに

近年の地域金融機関は，中小企業のライフステージごとにさまざまな支援メニューを擁していくことが求められている。こうしたなかで，本研究でヒアリングを実施した業況堅調な小規模事業者のライフステージは，新興（創業・起業），成長，成熟といった各局面に及んでいたほか，ケースによっては転機（世代交代など）を越えて新たなライフサイクル入りしているような事業者も存在した。信用金庫をはじめとした地域金融機関には，業況堅調な小規模事業者の存続（事業継続）へ向けて，今後も多様かつ継続的な支援が求められる。

〈参考文献〉

1　Schumpeter,J.A (1926) THEORIE DER WIRTSCHAFTLICHEN ENTWICKLUNG. 2 Aufl. (塩野谷祐一，中山伊知郎，東畑精一 訳『経済発展の理論（上・下）』岩波書店，1977年）
2　信金中央金庫 地域・中小企業研究所「全国中小企業景気動向調査」（各年版）

小規模な介護ビジネスは不要か
―良質なサービスを評価する仕組みを―

〈報告要旨〉

日本政策金融公庫総合研究所　竹内英二

　2000年に介護保険制度が始まり，訪問・通所介護を中心に営利企業による介護サービス市場への参入が進んだ。日本政策金融公庫総合研究所が2015年に行った「訪問・通所介護事業に関するアンケート」によると，参入した営利企業（会社）の68.3％は，登録ヘルパーを除いた従業者数が19人以下の小規模な企業である。

　介護サービスの内容や提供の態勢は国によって基準が決められており，小規模だからといって質の悪いサービスが提供されるということはない。しかしながら，介護保険の報酬は大規模な事業者が有利になるように設計されており，訪問・通所介護ともに小規模な企業ほど収支状況が悪い。

　厚生労働省の「介護事業経営実態調査（2014年）」によれば，通所介護の場合，利用者1人当たりの利益は，月間の延べ利用者数が901人以上の事業所では1,590円であるのに対し，延べ利用者数が150人以下の事業所では93円にすぎない。通所介護の基本報酬は，平均費用に応じて小規模な事業所ほど高く設定されてはいるものの，平均費用に対する割合は小規模な事業所ほど小さくなっているからである。さらに2015年4月の改正では，小規模な事業所ほど基本報酬が大きく引き下げられた。訪問介護では，事業規模によって基本報酬が異なるということはないが，訪問1回当たりの収支は事業規模が小さいほど悪く，月間の延べ訪問回数が400回以下の事業所は赤字となっている。

　基本報酬が小規模な事業者に不利になるよう設計されているのは，事業規模の拡大を促すためである。2015年の制度改正では，小規模な事業者に他企業と合併することまで求めている。日本政府が社会保障費の抑制を課題としている以上，非効率な企業を退出させることは間違いではない。だが，介護サービスの良し悪しは，効率性だけで判断できるわけではない。

　前述のアンケートによると，訪問・通所介護ともに，利用者数が多いほど要支

援者の割合が大きく，利用者数が少ないほど要介護4・5の人の割合が小さくなっている。つまり，大規模な事業者の生産性が高いのは手間のかからない軽度者を数多くケアしているからであり，小規模な事業者は手間のかかる重度者を多く介護しているため生産性が低くなっている面がある。したがって，効率性だけで介護事業者を選別してしまうと，重度要介護者の行き場がなくなりかねない。効率性だけではなく，介護サービスの質や成果を評価する仕組みが必要である。

　介護の質や成果を客観的に評価することは難しいが，一例として岡山市の取り組みが挙げられる。これは2014年に総合特区として始まった「デイサービス改善インセンティブ事業」で，日常生活機能の改善など一定のアウトカムを達成した企業を表彰し，かつ奨励金を支給するものである。こうした取り組みでは何を評価の指標にするのか，どう調査するのか，評価にかかるコストを誰が負担するのかといった問題はあるが，介護のアウトカムを「見える化」することができれば，介護市場における情報の非対称性は軽減し，利用者はより正しい選択ができるし，質の良い介護を行う事業者は利用者を獲得しやすくなる。また，質の良い介護によって要介護度が維持・改善できれば，保険者である自治体の負担や国の社会保障費支出も減る。単純な効率性だけで企業の淘汰を図るよりもメリットは大きいと考えられる。

本邦中小企業における取引金融機関数の決定要因
―企業レベルパネルデータを用いた実証分析―[注]

〈報告要旨〉

日本政策金融公庫総合研究所　佐々木真佑

1．はじめに

　本稿は、本邦中小企業の取引金融機関数がどのような要因によって決定されるのかを実証的に分析したものである。本稿の目的は、取引金融機関数の決定要因に焦点を当てることで、中小企業と金融機関の取引関係がどのような動機に基づいて決定されるのかを明らかにすることである。特に、本邦中小企業を分析対象とした既存研究が数少ないなか、網羅的な分析を行っていることが本稿の特徴といえる。なお、本稿では、取引金融機関数を「各企業における、長期借入取引がある金融機関の数」と定義する。本邦上場企業を分析対象としたOgawa et al.（2007）の推定結果と本稿の推定結果を比較するに当たり、当該既存研究と定義を統一するためである。

2．既存研究との関係

　Ogawa et al.（2007）は、本邦上場企業を分析対象とした既存研究である。特徴としては、①流動性保険動機をはじめとした代表的な決定要因について、網羅的かつ実証的に分析していること、②上場企業特有の決定要因（金融機関の企業株式保有度合）にも着目していること、が挙げられる。特に、後者は重要な視点である。取引金融機関数の決定要因に関する理論仮説を検証するに当たっては、分析対象とする企業群特有の決定要因をコントロールすることが望ましい。この視点は、本稿の分析においても応用されている。

3．研究の視点と研究方法

　研究の視点としては、海外企業や上場企業を対象として議論されてきた理論仮

説が、本邦中小企業に当てはまるのかを検証することが中心となる。具体的には、企業の財務情報を用いて理論仮説ごとに説明変数を設定し、取引金融機関数（被説明変数）に対するそれらの有意性を検証している。なお、理論仮説の有意性を正確に検証するため、業種ダミー（基準：製造業）、立地地域ダミー（基準：関東地方）、暦年ダミー（基準：2009年）をコントロール変数として設定した。

研究方法としては、パネル推定を採用する。また、分析モデルとしてはトービットモデルを採用している。本稿で使用するデータの制約から、被説明変数である取引金融機関数が下限0上限5の打ち切りデータとなっているため、これに対処することが狙いである。

4．データおよび変数

本稿では、日本政策金融公庫中小企業事業が保有する企業レベルデータを用いる。データセットは、沖縄県を除く全国の中小企業22,224社それぞれについて、連続する6決算期分（2009～2014年）の情報から構築されている。欠損値等が存在しないバランスドパネルデータであり、合計観測数は133,344（22,224社×6決算期）レコードである。また、分析対象は法人格を有する企業に限定し、12か月決算でない企業をデータセットから除外している。

変数（ダミー変数を除く）の定義と基本統計量は表1のとおりであり、変数はすべて、決算時点の情報をベースに算出されている。また、各説明変数に設定される仮説は表2のとおりである。

表1　変数の定義と基本統計量

変数名	定義	観測数	平均	標準偏差	最小値	最大値
NUM_RELATION	各企業における取引金融機関数	133,344	3.26	1.31	0	5
SALES	各企業における売上高(百万円)の対数値	133,344	6.61	1.34	-0.51	13.22
ROA	各企業における償却後経常利益/総資産（%）	133,344	1.11	25.94	-8766.67	677.67
AGE	各企業の社齢	133,344	52.35	34.00	1	1008
ROA*AGE	ROAとAGEの交差項	133,344	57.19	571.45	-157800	8809.65
DAR	各企業における総借入金/総資産（%）	133,344	59.91	61.26	0	8323.53
LAR	各企業における流動資産/総資産（%）	133,344	43.58	22.87	0	100
SAR	各企業における短期借入金/総資産（%）	133,344	9.06	17.11	0	2215.39
R&D	各企業における繰延資産/総資産（%）	133,344	0.25	2.02	0	96.33

表2　各説明変数に設定される仮説

説明変数	仮説	背景
SALES	パラメータがプラスに有意	取引コスト、モニタリングコスト
ROA	パラメータがプラスに有意	金融機関同士の競争
AGE	パラメータがプラスに有意	金融機関同士の競争
ROA＊AGE	パラメータがマイナスに有意	取引金融機関数に対するROAとAGEの代替関係
DAR	パラメータがプラスに有意	ホールドアップ問題
LAR	パラメータがマイナスに有意	流動性保険動機
SAR	パラメータがマイナスに有意	長期借入以外の資金調達状況
R&D	パラメータがマイナスに有意	研究開発型企業の特徴

5．推定結果

推定結果は、表3のとおりである。また、本稿の推定結果（Random-effects tobit regression）を、設定した仮説およびOgawa et al.（2007）の推定結果（binomial logit）と比較したものが表4である。

表3　推定結果

		Random-effects tobit regression	
	Independent var	Coef.	p-value
	SALES	0.359	0.000 ***
	ROA	0.003	0.000 ***
	AGE	0.0006	0.036 **
	ROA＊AGE	-0.0001	0.000 ***
	DAR	0.002	0.000 ***
	LAR	-0.005	0.000 ***
	SAR	-0.003	0.000 ***
	R&D	0.008	0.001 ***
	INDUSTRY_DUMMY	YES	
	REGION_DUMMY	YES	
	DUMMY_2010	0.188	0.000 ***
Dependent var =	DUMMY_2011	0.161	0.000 ***
NUM_RELATION	DUMMY_2012	0.151	0.000 ***
	DUMMY_2013	0.169	0.000 ***
	DUMMY_2014	0.165	0.000 ***
	_cons	1.284	0.000 ***
	Number of obs	133,344	
	Number of groups	22,224	
	left-censored obs	1,026	
	uncensored obs	102,504	
	right-censored obs	29,814	
	LR chi2		
	Prob>chi2	0.000	
	Pseudo R2		
	Log likelihood	-155266.79	
	Wald chi2	5482.16	

（***：1％水準、**：5％水準、*：10％水準で統計的に有意であることを示す。）

表4　推定結果の比較表

説明変数	設定した仮説	本稿の推定結果 (Random-effects tobit regression)	Ogawa et al.(2007)の推定結果 (binomial logit)
SALES	パラメータがプラスに有意	++	
ROA	パラメータがプラスに有意	++	
AGE	パラメータがプラスに有意	+	■
ROA*AGE	パラメータがマイナスに有意	--	
DAR	パラメータがプラスに有意	++	++
LAR	パラメータがマイナスに有意	--	--
SAR	パラメータがマイナスに有意	--	
R&D	パラメータがマイナスに有意	++	++

（記号の正負は、パラメータの正負を示す。記号一つは5％水準、記号二つは1％水準で統計的に有意であることを示す。空欄は統計的に有意でないことを示す。）

6．理論的含意

　第一に、「取引コスト・モニタリングコスト」「金融機関同士の競争」「ホールドアップ問題」「流動性保険動機」「長期借入以外の資金調達状況」を背景とした決定要因が、本邦中小企業に当てはまることが確認された。この結果から、本邦中小企業と金融機関の取引関係を決定する要因が理論仮説と概ね整合的であり、特異なものではないことを指摘できる。第二に、リーマン・ショック直後の2009年を基準として、暦年ダミーのパラメータが2010年以降すべてプラスに有意となっている。この結果は、金融危機に伴って企業の流動性保険動機が働いた可能性を示している。第三に、本邦上場企業を分析対象とした既存研究との比較から、「取引コスト・モニタリングコスト」「金融機関同士の競争」を背景とした決定要因が、中小企業でのみ有意であることが確認された。これは、規模と信用力に幅のある中小企業において、当該決定要因が働く可能性があることを示唆している。

〈注〉
　全国大会（2016年9月）における報告内容は、『日本政策金融公庫論集』第33号（2016年11月）に掲載されている。本稿は、同内容に暦年ダミーの追加等を行い、推定結果の頑健性を確認したものである。なお、本稿は査読申請を行っていない。

〈参考文献〉
1　Ogawa,K.,Sterken,E.,Tokutsu,I.（2007）"Why do Japanese Firms Prefer Multiple Bank Relationship? Some Evidence from Firm—Level Data." *Economic Systems*, 31, pp.49-70.

編 集 後 記

　『「地方創生」と中小企業―地域企業の役割と自治体行政の役割―』（日本中小企業学会論集第36号）は，2016年9月10日（土），11日（日）の2日間にわたって明治大学（東京）で開催された第36回日本中小企業学会全国大会の報告論集である。

　今大会では，統一論題2本，自由論題18本の報告があり，当論集では統一論題2本（うち岡室・西村論文は査読希望の上受理）に加え，自由論題報告で査読を受理された論文8本と報告要旨9本（査読希望無しまたは査読辞退5本，不採択4本）が掲載されている。

　査読を経て不採択となった論文4本は，いずれも，2名の査読委員から「合」と「否」という相対立する評価が寄せられた論文である。これら論文については，当学会「日本中小企業学会論集編集に関する内規」に基づき，論集編集委員会の議に付し，委員の過半数の議決で合否（論文掲載の可否）を決することとした。

　会長，副会長4名，編集委員長，編集担当理事の7名からなる編集委員会で慎重に審査した結果，過半数に達する論文が無く，4本とも不採択となった。ただし，不採択となった論文は，必ずしも全面的に否定されたわけでは無い。

　例えば，従来の研究を踏まえたうえでの新しいアプローチに独自性を見いだす評価，新しい事実を発見した点を高く評価する見解，全国レベルでのアンケート調査の資料的価値を評価する意見，事例研究の丁寧さや意欲的な理論化・一般化への試みを前向きにとらえる評価――などがあった。

　その一方で，先行研究レビューの不足，引用文献の表記方法に関する問題，不明瞭な文章や用語の用い方，論理一貫性の欠如――など，学術論文としての基本的な要件に関する問題を指摘された論文もあった。また，修正点が多岐にわたったため最終提出期限に間に合わないと判断された論文もあった。査読を希望する際は，はじめに提出する際，事前に，提出する論文が「査読基準」や「査読基準の補足」に即しているか，確認することをすすめたい。

　なお，20本の報告に対し，掲載論文が19本に止まっているのは，論文審査の過程で退会を申し出た会員がいたためである。当会員は審査の過程で査読依頼を取り下げたため報告要旨の提出を求めたが音信不通状態に陥っていた。この間，本部事務局に退会を申請していた模様である。編集委員会として慎重に検討した結果，氏名・論文名ともに非掲載とした。ご了承を願いたい。

2017年4月

日本中小企業学会編集委員長　髙橋美樹

2017年7月20日　発行

「地方創生」と中小企業
—地域企業の役割と自治体行政の役割—
〈日本中小企業学会論集㊱〉

編　者 © 日本中小企業学会
発行者　脇坂康弘

発行所　株式会社 同友館

〒113-0033　東京都文京区本郷3-38-1
TEL.03(3813)3966
FAX.03(3818)2774
http://www.doyukan.co.jp/

落丁・乱丁本はお取り替えいたします。　印刷：一誠堂　製本：松村製本
ISBN 978-4-496-05290-3　　　　　　　Printed in Japan